○ 工业互联网平台之智能制造系列

图解班组管理实战

双色精华版

党争奇 编著

化学工业出版社

·北京·

《图解班组管理实战（双色精华版）》是一本基于工业互联网与智能制造如何在企业落地，而对企业运作的每个环节、每个节点进行设计规划的实操手册。本书通过介绍班组管理概述、班组员工管理、班组生产管理、班组安全管理、班组作业环境管理、班组成本控制这些内容来介绍如何借助工业互联网实现智能制造。本书模块化设置，内容实用性强，着重突出可操作性，不仅为企业管理人员提供了实用的工作思路和管理模板，还为其开展工作提供了重要的参考资料。

图书在版编目（CIP）数据

图解班组管理实战：双色精华版／党争奇编著．——北京：化学工业出版社，2020.1
（工业互联网平台之智能制造系列）
ISBN 978-7-122-34205-8

Ⅰ．①图… Ⅱ．①党… Ⅲ．①班组管理-图解 Ⅳ．①F406.6-64

中国版本图书馆CIP数据核字（2019）第057553号

责任编辑：刘　丹　　　　　　　　装帧设计：王晓宇
责任校对：边　涛

出版发行：化学工业出版社（北京市东城区青年湖南街13号　邮政编码100011）
印　　装：高教社（天津）印务有限公司
787mm×1092mm　1/16　印张14½　字数250千字　2020年1月北京第1版第1次印刷

购书咨询：010-64518888　　　售后服务：010-64518899
网　　址：http://www.cip.com.cn
凡购买本书，如有缺损质量问题，本社销售中心负责调换。

定　　价：58.00元　　　　　　　　　　　　　　　　版权所有　违者必究

前言

当前,全球制造业正加快迈向数字化、智能化时代,智能制造对制造业竞争力的影响越来越大。大力推动工业互联网创新发展、深入实施智能制造工程、深化制造业与互联网融合发展,推进人工智能产业创新、抓好大数据产业促进工业大数据发展和应用等,是我们推动企业创新转型升级,注入新动力的有力保障。

在大数据时代、智慧(智能)工厂、精益制造、信息自动化、运营数据化、供应链管理、智能创新等字眼满天飞的时代,企业往往需要制订出一份实行智能制造的计划书,借助工业互联网平台,逐步去完善推进。

工业互联网作为我国经济新的驱动力,它的发展离不开人工智能、大数据、云计算等新兴技术在传统产业中的应用推广,也离不开科技巨头的引领。

我国目前把以5G、人工智能、工业互联网、物联网为代表的"科技新基建"作为经济增长的重要引擎之一,预计未来几年底层新的基础设施投资力度将显著增强。

那么企业应该如何借助工业互联网平台,应该从何处入手实现智能制造呢?首先,要明白工业互联网的概念,实施的途径;其次,确定好两个主题,一是智能工厂,二是智能生产;最后,确定该主题的实现途径。

企业要根据工业互联网的理念设计一套符合自身企业发展的全新管理运作模式,紧贴智能制造的核心。要实现"智能制造",就要以市场为导向,以客户为核心,从客户端开始,再到客户端结束进行全新的管理运作模式设计,做好每个节点。从客户需求提出,到设计试制、下单、物流供应、零部件和模具供应,从生产排程、现场管理、生产组装、过程监控、品质确认,到仓储保管、物流运输、收货确认、最终回款的一套智能制造解决方案。

借助工业互联网平台，实现智能制造。就要建立信息物理网（CPS），它是虚拟世界和现实世界在工业领域应用中的高度融合，是工厂、机器、生产资料和人通过网络技术的高度联结。CPS是实现智能制造的基础，没有CPS的支撑，智能工厂、智能制造都是空中楼阁；实现三项集成，集成是实现智能工厂的技术途径，集成的目标是：使人与人、人与机器、机器与机器以及服务与服务之间能够互联，从而实现纵向、横向和端对端的高度集成；大数据分析，数据会渗透到企业运营、价值链乃至产品的整个生命周期，是智能制造的基石；TPM、TQM、IE、5S都是智能制造实现的基础工作，有效实施TPM、TQM、IE、5S可以帮助企业在不需要资本投入的条件下，实现成本降低和效率大幅度提升。

《图解班组管理实战》（双色精华版）是一本基于工业互联网与智能制造如何在企业落地而针对企业运作的每个环节、每个节点进行设计规划的实操手册，内容全面而实用。本书主要由如何借助工业互联网平台实现智能制造、班组管理概述、班组员工管理、班组生产管理、班组安全管理、班组作业环境管理、班组成本控制7个章节组成。

本书呈模块化设置，内容实用性强，着重突出可操作性，不仅为企业管理人员提供了实用的工作思路和管理模板，还为其开展工作提供了重要的参考资料。

由于笔者水平有限，加之时间仓促、参考资料有限，书中难免出现疏漏与不足之处，敬请读者批评指正。

笔者

目录

导读 Guide 如何借助工业互联网平台实现智能制造／1

0.1 何谓工业互联网／1

0.2 智能制造／1
    0.2.1 智能工厂的基本特征／2
    0.2.2 智能工厂的框架体系／4

0.3 工业互联网与智能制造的关系／10

0.4 工业互联网与智能制造的实现途径／10
    0.4.1 建立信息物理网（CPS）／10
    0.4.2 实现三项集成／13
    0.4.3 大数据分析／15

0.5 工业互联网与智能制造下的创新智慧型班组管理模式／15
    0.5.1 工业4.0下信息技术的快速发展对班组管理的影响／15
    0.5.2 智慧型班组的基本概念和内涵／16
    0.5.3 智慧型班组的内容框架和管理模式／18
    0.5.4 智慧型班组的应用举措／20

1 Chapter 班组管理概述／25

1.1 什么是班组／26
    1.1.1 班组的概念／26
    1.1.2 班组的组建原则／26

　　　　1.1.3　班组的分类／27
　　　　1.1.4　班组的特点／27

　　1.2　培养和选配优秀班组长／28
　　　　1.2.1　班组长的要求／29
　　　　1.2.2　班组长的培训／31

　　1.3　奠定班组管理的基础工作／31
　　　　1.3.1　班组标准化工作／31
　　　　1.3.2　班组定额工作／34
　　　　1.3.3　班组原始记录／34
　　　　1.3.4　班组规章制度／35

2 Chapter

班组员工管理／37

2.1　人员配备管理／38
　　2.1.1　班组定岗管理／38
　　2.1.2　班组定员管理／39
　　2.1.3　人员定岗管理／39
　　2.1.4　员工出勤管理／41
　　2.1.5　员工技能管理／42
　　2.1.6　补员管理与员工轮岗／43

2.2　员工培训管理／44
　　2.2.1　新员工的培训／44
　　2.2.2　进行多能工训练／47
　　2.2.3　OJT培训／49
　　2.2.4　师带徒岗位培训／52
　　　　范本　一对一师带徒辅导协议／54
　　　　范本　"师带徒"培训协议书／54

3 Chapter
班组生产管理／61

3.1 生产作业管理／62
 3.1.1 生产流水线的控制／62
 3.1.2 捕捉、活用生产信息／65
 3.1.3 预防并解决生产瓶颈／69
 3.1.4 使用作业标准文件／72
 3.1.5 填写作业日报／73
 3.1.6 控制生产线存品／75

3.2 交货期管理／77
 3.2.1 了解生产计划／77
 3.2.2 协调生产计划／79
 3.2.3 处理紧急订单／81
 3.2.4 处理计划延误／81
 3.2.5 处理生产异常／82
 3.2.6 控制生产进度／84
 3.2.7 缩短交货期／85
 3.2.8 处理交货期变更／86
 3.2.9 处理交货期延误／87

3.3 班组生产质量控制／87
 3.3.1 严格执行"三不原则"／87
 3.3.2 做好工艺管理／89
 3.3.3 做好不合格品的隔离／90
 3.3.4 生产线不良品的控制／92
 3.3.5 不良品的退回处理／94
 3.3.6 进行工程检查／98

4 Chapter 班组安全管理／101

4.1 完善班组安全管理制度／102

- 4.1.1 班组安全讲话制／102
- 4.1.2 交接班制／102
  - 范本 生产班组交接班制度／103
- 4.1.3 安全用火制度／104
- 4.1.4 操作确认挂牌制／105
- 4.1.5 指挥联系呼应制／106
- 4.1.6 在厂区、作业区的行动安全制／106
- 4.1.7 安全预防保护制／107
- 4.1.8 安全先进班组评比活动制度／107
- 4.1.9 安全教育制度／108
- 4.1.10 工伤、事故管理制度／109
- 4.1.11 安全文明生产检查制度／109

4.2 确立班组安全责任／109

- 4.2.1 班组在安全中的作用／109
- 4.2.2 班组长的安全责任／110
- 4.2.3 班组成员的安全责任／112

4.3 加强班组成员的安全意识／113

- 4.3.1 安全意识／113
- 4.3.2 分析员工安全意识薄弱的原因／115
- 4.3.3 安全意识薄弱的表现／116
- 4.3.4 提高员工安全意识／118
- 4.3.5 必须树立的安全意识／120

4.4 不同人员的安全教育／124

- 4.4.1 新员工入厂"三级安全教育"／124
- 4.4.2 特种作业人员安全教育／129

4.4.3 调岗、复工安全教育 / 130
4.4.4 班组安全教育的方法 / 131

4.5 开展班组安全活动 / 132

4.5.1 班前会 / 132
4.5.2 班后会 / 136
4.5.3 KYT危险预知训练活动 / 140
4.5.4 危险源辨识活动 / 145
4.5.5 班组安全检查 / 151
4.5.6 班组"事故预案"演练活动 / 154

5 Chapter 班组作业环境管理 / 157

5.1 提供良好的作业环境 / 158

5.1.1 现场设备布局管控 / 158
5.1.2 现场工位器具、工件、材料的摆放 / 159
5.1.3 现场工作地面改善 / 160
5.1.4 现场噪声传播管控 / 161
5.1.5 现场光照度管控 / 161
5.1.6 控制现场温度 / 162
5.1.7 现场洁净度控制 / 162
5.1.8 现场工位控制 / 165

5.2 开展5S活动 / 166

5.2.1 整理（Seiri）/ 166
5.2.2 整顿（Seiton）/ 171
5.2.3 清扫（Seiso）/ 176
5.2.4 清洁（Seikeetsu）/ 179
5.2.5 素养（Shitsuke）/ 181

Chapter 6 班组成本控制 / 189

6.1 班组经济核算 / 190

6.1.1 班组经济核算的意义 / 190

6.1.2 班组经济核算的条件 / 190

范本 生产统计管理制度 / 190

6.1.3 班组经济核算的内容和方法 / 200

6.1.4 开展班组经济活动分析 / 201

6.2 班组成本构成与控制措施 / 202

6.2.1 班组成本的构成 / 202

6.2.2 直接材料成本的控制 / 202

6.2.3 辅助材料成本的控制 / 208

6.2.4 降低直接人工成本 / 208

6.2.5 降低工具损耗 / 210

6.2.6 TPM活动降低设备使用成本 / 212

6.2.7 消除劳动保护用品的浪费 / 214

6.2.8 开展节能降耗活动 / 215

范本 以旧换新之消耗品管制办法 / 217

范本 修旧利废申请及验收单 / 219

范本 修旧利废实施细则 / 220

导读

如何借助工业互联网平台实现智能制造

0.1 | 何谓工业互联网

工业互联网是全球工业系统与高级计算、分析、感应技术以及互联网连接融合的结果。工业互联网通过智能机器间的连接最终将人机连接,结合软件和大数据分析,重构全球工业、激发生产力,让世界更美好、更快速、更安全、更清洁且更经济。

工业互联网首先是全面互联,在全面互联的基础上,通过数据流动和分析,形成智能化变革,形成新的模式和新的业态。互联是基础,工业互联网是将工业系统的各种元素互联起来,无论是机器、人还是系统。

互联解决了通信的基本问题,更重要的是数据端到端的流动,跨系统的流动,在数据流动技术上充分分析、建模。伯特认为智能化生产、网络化协同、个性化定制、服务化延伸是在互联的基础上,通过数据流动和分析,形成新的模式和新的业态。

这是工业互联网的原理,比现在的互联网更强调数据,更强调充分的连接,更强调数据的流动和集成以及分析和建模,这和互联网是有所不同的。工业互联网的本质是数据的流动和分析。

总而言之,工业互联网如同一座无形的桥梁,连接着人、机、物,推动制造走向智造。

0.2 | 智能制造

智能制造是以智能加工与装配为核心的,同时覆盖面向智能加工与装配的设计、服务及管理等多个环节。智能工厂中的全部活动大致可以从产品设计、生产制造及供应链三个维度来描述。在这些维度中,如果所有的活动均能在赛博空间中得到充分的数据支持、过程优化与验证,同时在物理系统中能够实时地执行活动并与赛博空间进行深度交互,这样的工厂可称为智能工厂。

0.2.1 智能工厂的基本特征

与传统的数字化工厂、自动化工厂相比,智能工厂具备以下几个突出特征。

0.2.1.1 制造系统的集成化

作为一个高层级的智能制造系统,智能工厂表现出鲜明的系统工程属性,具有自循环特性的各技术环节与单元按照功能需求组成不同规模、不同层级的系统,系统内的所有元素均是相互关联的。在智能工厂中,制造系统的集成主要体现在以下两个方面,具体如图0-1所示。

企业数字化平台的集成	➡	在智能工厂中,产品设计、工艺设计、工装设计与制造、零部件加工与装配、检测等制造环节均是数字化的,各环节所需的软件系统均集成在同一数字化平台中,使整个制造流程完全基于单一模型驱动,避免了在制造过程中因平台不统一而导致的数据转换等过程
虚拟工厂与真实制造现场的集成	➡	基于全资源的虚拟制造工厂是智能工厂的重要组成部分,在产品生产之前,制造过程中所有的环节均在虚拟工厂中进行建模、仿真与验证。在制造过程中,虚拟工厂管控系统向制造现场传送制造指令,制造现场将加工数据实时反馈至管控系统,进而形成对制造过程的闭环管控

图0-1 制造系统的集成的主要体现

0.2.1.2 决策过程的智能化

传统的人机交互中,作为决策主体的人支配"机器"的行为,而智能制造中的"机器"因部分拥有扩展人类智能的能力,使人与"机器"共同组成决策主体,在同一信息物理系统中实施交互,信息量和种类以及交流的方法更加丰富,从而使人机交互与融合达到前所未有的深度。

制造业自动化的本质是人类在设备加工动作执行之前,将制造指令、逻辑判断准则等预先转换为设备可识别的代码并将其输入到制造设备中。此时,制造设备可根据代码自动执行制造动作,从而节省了此前在制造机械化过程中人类的劳动。在此过程中，人是决策过程的唯一主体，制造设备仅仅是根据输入的指令自动地执行制造过程，而并不具备如判断、思维等高级智能化的行为能力。在智能工厂中，"机器"具有不同程度的感知、分析与决策能力，它们与人共同构成决策主体。在"机器"的决策过程中，人类向制造设备输入决策规则，"机器"基于这些规则与制造数据自动执行决策过程，这样可将由人为因素造成的决策失误降至最低。与此同时，在决策过程中形成的知识可作为后续制订决策的原始依据，进而使决策知识库得到不断优化与拓展，从而不断提升智能制造系统的智能化水平。

0.2.1.3 加工过程的自动化

车间与生产线中的智能加工单元是工厂中产品制造的最终落脚点，智能决策过程中形成的加工指令将全部在加工单元中得以实现。为了能够准确、高效地执行制造指令，数字化、自动化、柔性化是智能制造单元的必备条件。

首先，智能加工单元中的加工设备、检验设备、装夹设备、储运设备等均是基于单一数字化模型驱动的，这避免了传统加工中由于数据源不一致而带来的大量问题。

其次，智能制造车间中的各种设备、物料等大量采用如条码、二维码、RFID等识别技术，使车间中的任何实体均具有唯一的身份标识，在物料装夹、储运等过程中，通过对这种身份的识别与匹配，实现了物料、加工设备、刀具、工装等的自动装夹与传输。

最后，智能制造设备中大量引入智能传感技术，通过在制造设备中嵌入各类智能传感器，实时采集加工过程中机床的温度、振动、噪声、应力等制造数据，并采用大数据分析技术来实时控制设备的运行参数，使设备在加工过程中始终处于最优的效能状态，实现设备的自适应加工。例如，传统制造车间中往往存在由于地基沉降而造成的机床加工精度损失，通过在机床底脚上引入位置与应力传感器，即可检测到不同时段地基的沉降程度，据此，通过对机床底角的调整即可弥补该精度损失。此外，通过对设备运行数据的采集与分析，还可总结在长期运行过程中，设备加工精度的衰减规律、设备运行性能的演变规律等，通过对设备运行过程中各因素间的耦合关系进行分析，可提前预判设备运行的异常，并实现对设备健康状态的监控与故障预警。

0.2.1.4 服务过程的主动化

制造企业通过信息技术、网络化技术的应用，根据用户的地理位置、产品运行状态等信息，为用户提供产品在线支持、实时维护、健康监测等智能化功能。这种服务与传统的被动服务不同，它能够通过对用户特征的分析，辨识用户的显性及隐性需求，主动为用户推送高价值的资讯与服务。此外，面向服务的制造将成为未来工厂建设中的一种趋势，集成广域服务资源的业务联网将越来越智能化、专业化，企业对用户的服务将在很大程度上通过若干联盟企业间的并行协同实现。对用户而言，所体验到的服务的高效性与安全性也随之提升，这也是智能工厂服务过程的基本特点。智能工厂中的主动化服务如图0-2所示。

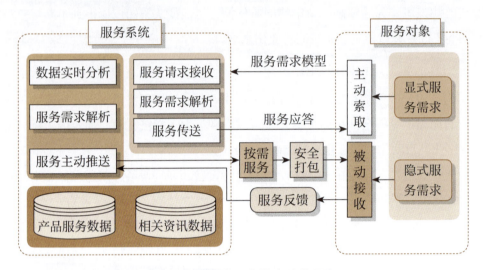

图0-2　智能工厂中的主动化服务

0.2.2　智能工厂的框架体系

智能工厂由赛博空间中的虚拟数字工厂和物理系统中的实体工厂共同构成。其中，实体工厂部署有大量的车间、生产线、加工装备等，为制造过程提供硬件基础设施与制造资源，也是实际制造流程的最终载体；虚拟数字工厂则是在这些制造资源及制造流程的数字化模型基础上，在实体工厂的生产之前，对整个制造流程进行全面的建模与验证。为了实现实体工厂与虚拟数字工厂之间的通信与融合，实体工厂的各制造单元中还配备有大量的智能元器件，用于制造过程中的工况感知与制造数据采集。在虚拟制造过程中，智能决策与管理系统对制造过程进行不断的迭代优化，使制造流程达到最优；在实际制造中，智能决策与管理系统则对制造过程进行实时监控与调整，进而使得制造过程体现出自适应、自优化等智能化特征。

由上所述可知，智能工厂的基本框架体系中包括智能决策与管理系统、企业数字化制造平台、智能制造车间等关键组成部分，如图0-3所示。

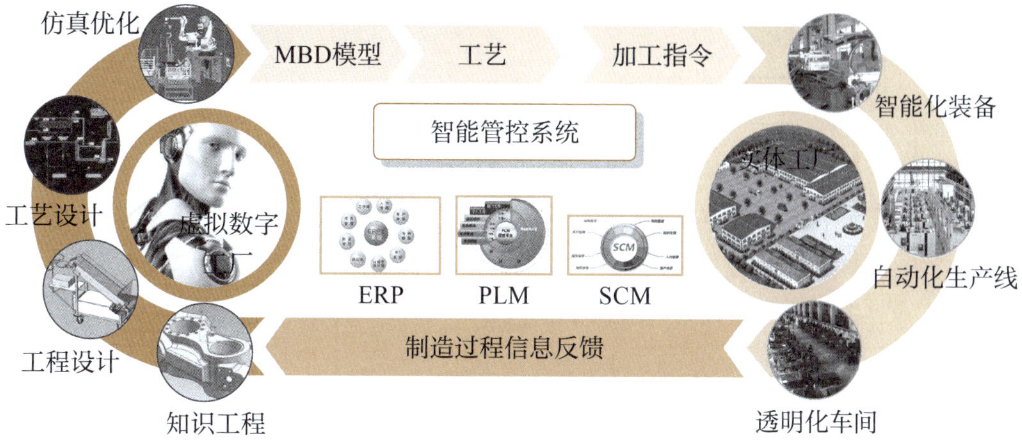

图0-3　智能工厂基本框架

0.2.2.1　智能决策与管理系统

智能决策与管理系统如图0-4所示,是智能工厂的管控核心,负责市场分析、经营计划、物料采购、产品制造以及订单交付等各环节的管理与决策。通过该系统,企业决策者能够掌握企业自身的生产能力、生产资源以及所生产的产品,能够调整产品的生产流程与工艺方法,并能够根据市场、客户需求等动态信息做出快速、智能的经营决策。

一般而言,智能决策与管理系统包含了企业资源计划(ERP)、产品全生命周期管理(PLM)、供应链管理(SCM)等一系列生产管理工具。在智能工厂中,这些系统工具的最突出特点在于:一方面能够向工厂管理者提供更加全面的生产数据以及更加有效的决策工具,相较于传统工厂,在解决企业产能、提升产品质量、降低生产成本等方面,能够发挥更加显著的作用;另一方面,这些系统工具本身已达到了不同程度的智能化水平,在辅助工厂管理者进行决策的过程中,能够切实提升企业生产的灵活性,进而满足不同用户的差异化需求。

0.2.2.2　企业数字化制造平台

企业数字化制造平台需要解决的问题是如何在信息空间中对企业的经营决策、生产计划、制造过程等全部运行流程进行建模与仿真,并对企业的决策与制造活动的执行进行监控与优化。这其中的关键因素包括以下两点。

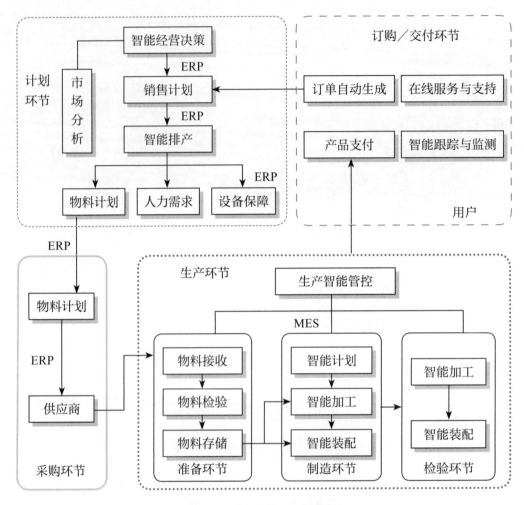

图0-4 智能决策与管理系统

（1）制造资源与流程的建模与仿真

在建模过程中，需要着重考虑智能制造资源的3个要素，即实体、属性和活动。实体可通俗地理解为智能工厂中的具体对象。属性是在仿真过程中实体所具备的各项有效特性。智能工厂中各实体之间相互作用而引起实体的属性发生变化，这种变化通常可用状态的概念来描述。智能制造资源通常会由于外界变化而受到影响。这种对系统的活动结果产生影响的外界因素可理解为制造资源所处的环境。在对智能制造资源进行建模与仿真时，需要考虑其所处的环境，并明确制造资源及其所处环境之间的边界。

（2）建立虚拟平台与制造资源之间的关联

通过对制造现场实时数据的采集与传输，制造现场可向虚拟平台实时反馈生产状况。其中主要包括生产线、设备的运行状态、在制品的生产状态、过程中的质量状态、物料的供应状态等。在智能制造模式下，数据形式、种类、维度、精细程度等将是多元化的，因此，数据的采集、存储与反馈也需要与之相适应。

在智能制造模式下，产品的设计、加工与装配等各环节与传统的制造模式均存在明显不同。因此，企业数字化制造平台必须适应这些变化，从而满足智能制造的应用需求。

①智能制造的产品设计

在面向智能制造的产品设计方面，企业数字化制造平台应提供以下两方面的功能：首先，能够将用户对产品的需求以及研发人员对产品的构想建成虚拟的产品模型，完成产品的功能性能优化，通过仿真分析在产品正式生产之前保证产品能满足要求，减少研制后期的技术风险；其次，能够支持建立满足智能加工与装配标准规范的产品全三维数字化定义，使产品信息不仅能被制造工程师所理解，还能够被各种智能化系统所接收，并被无任何歧义地理解，从而能够完成各类工艺、工装的智能设计和调整，并驱动智能制造生产系统精确、高效、高质量地完成产品的加工与装配。

②智能加工与装配

在智能加工与装配方面，传统制造中人、设备、加工资源等之间的信息交换并没有统一的标准，而数据交换的种类与方式通常是针对特定情况而专门定制的，这导致制造过程中将出现大量的耦合，系统的灵活性受到极大的影响。例如，在数控程序编制过程中，工艺人员通常将加工程序指定到特定的机床中，由于不同机床所使用的数控系统不同，数控程序无法直接移植到其他机床中使用，若当前机床上被指定的零件过多，则容易出现被加工零件需要等待，而其他机床处于空闲状态的情况。

随着制造系统智能化程度的不断提升，智能加工与装配中的数据将是基于统一的模型，不再针对特定系统或特定设备，这些数据可被制造系统中的所有主体所识别，并能够通过自身的数据处理能力从中解析出具体的制造信息。例如，智能数控加工设备可能不再接收数控程序代码，而是直接接收具有加工信息的三维模型，根据模型中定义的被加工需求，设备将自动生成最优化的加工程序。这样的优势在于：一方面，工艺设计人员不再需要指定特定机床，因此加工工艺数据具有通用性；另一方面，在机床内部生成的加工程序是最适合当前设备的加工代码，进而可以实现真正的自适应加工。

0.2.2.3 智能制造车间

智能制造车间及生产线是产品制造的物理空间，其中的智能制造单元及制造装备提供实际的加工能力。各智能制造单元间的协作与管控由智能管控及驱动系统实现。智能制造车间基本构成如图0-5所示。

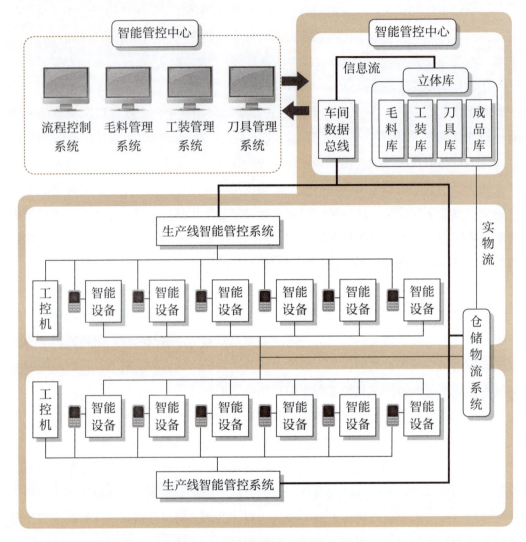

图0-5 智能制造车间基本构成

（1）车间中央管控系统

车间中央管控系统是智能加工与装配的核心环节，主要负责制造过程的智能调度、制造指令的智能生成与按需配送等任务。在制造过程的智能调度方面，需根据车间生产任务，综合分析车间内设备、工装、毛料等制造资源，按照工艺类型及生产计划等将生产任务实时分派到不同的生产线或制造单元，使制造过程中设备的利用率达到最高。在制造指令的智能生成与按需分配方面，面向车间内的生产线及生产设备，根据生产任务自动生成并优化相应的加工指令、检测指令、物料传送指令等，并根据具体需求将其推送至加工设备、检测装备、物流系统等。

（2）智能生产线

智能生产线可实时存储、提取、分析与处理工艺、工装等各类制造数据，以及设备运行参数、运行状态等过程数据，并能够通过对数据的分析实时调整设备运行参数、监测设备健康状态等，并据此进行故障诊断、维护报警等行为，对于生产线内难以自动处理的情况，还可将其向上传递至车间中央管控系统。此外，生产线内不同的制造单元具有协同关系，可根据不同的生产需求对工装、毛料、刀具、加工方案等进行实时优化与重组，优化配置生产线内各生产资源。

（3）智能制造装备

从逻辑构成的角度看，智能制造装备由智能决策单元、总线接口、制造执行单元、数据存储单元、数据接口、人机交互接口以及其他辅助单元构成。其中，智能决策单元是智能设备的核心，负责设备运行过程中的流程控制、运行参数计算及设备检测维护等；总线接口负责接收车间总线中传输来的作业指令与数据，同时负责设备运行数据向车间总线的传送。制造执行单元由制造信息感知系统、制造指令执行系统以及制造质量测量系统等构成；数据存储单元用于存储制造过程数据以及制造过程决策知识；数据接口分布于智能设备的各个组成模块之间，用于封装、传送制造指令与数据；人机交互接口负责提供人与智能设备之间传递、交换信息的媒介和对话接口；辅助单元主要是指刀具库、一体化管控终端等。

（4）仓储物流系统

智能制造车间中的仓储物流系统主要涉及AGV/RGV系统、码垛机以及立体仓库等。AGV/RGV系统主要包括地面控制系统及车载控制系统。其中，地面控制系统与车间中央管控系统实现集成，主要负责任务分配、车辆管理、交通管理及通信管理等，车载控制系统负责AGV/RGV单机的导航、导引、路径选择、车辆驱动及装卸操作等。

码垛机的控制系统是码垛机研制中的关键。码垛机控制系统主要是通过模块化、层次化的控制软件来实现码垛机运动位置、姿态和轨迹、操作顺序及动作时间的控制，以及码垛机的故障诊断与安全维护等。

立体化仓库由仓库建筑体、货架、托盘系统、码垛机、托盘输送机系统、仓储管理与调度系统等组成。其中，仓储管理与调度系统是立体仓库的关键，主要负责仓储优化调度、物料出入库、库存管理等。

0.3 工业互联网与智能制造的关系

工业互联网是传统工业变革的一种工具，把互联网技术和思维模式引入传统行业的生产组织当中。在我们的日常生产中，人、设备、产品、物料等时刻都在产生海量的数据信息，工业互联网使得海量的数据信息传递、集成、挖掘成为可能。而智能制造是实现的结果，是目标；实现智能制造是一个长期的过程，一般来说需要先实现制造的自动化、信息化，最终走向智能化。

工业互联网与智能制造从表面论述看各有侧重，一个侧重于工业服务，一个侧重于工业制造，但究其本质都是实现智能制造与智能服务，具体来说就是个性化定制，服务延伸化。

由上所述，我们可以看出工业互联网与智能制造只是在侧重点上有所不同，工业互联网主要是由工业平台为企业提供定制化的服务，帮助企业上云。智能制造则是全球工业的终极目标，让全球的工厂都可以实现自动化。现在工业互联网革命已经开始，在过去的十年，互联网技术已经应用于工业生产的过程中，并且随着工业互联网的不断发展，工业互联网相关产业也将得到快速发展。

0.4 工业互联网与智能制造的实现途径

0.4.1 建立信息物理网（CPS）

信息物理网（CPS）是虚拟世界和现实世界在工业领域应用中的高度融合，是工厂、机器、生产资料和人通过网络技术的高度联结。CPS是实现工业4.0的基础，没有CPS的支撑，智能工厂、智能制造都是空中楼阁。

0.4.1.1 智慧工厂的布局

智慧工厂的布局如图0-6所示。

服务包括传感器服务、控制服务、通信服务、校验服务、信息服务等，整个CPS网络系统就是一个服务连接的网络，即是"务联网"的概念。

服务的概念即SOA的核心，SOA（Service-Oriented Architecture）即面向服务的架构，一种业务驱动的IT架构方式，也是一个组件模型，支持对业务进行整合，它将应用程序的相同功能单元（称为服务）通过这些服务之间定义良好的接口和契约联系起来（如图0-7所示）。它是一种架构、方法、思想、标准，它使企业的业务更加标准化、服务化、组件化。

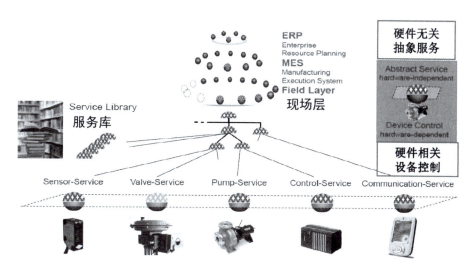

图0-6 智慧工厂的布局

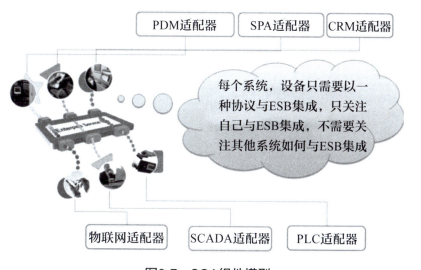

图0-7 SOA组件模型

0.4.1.2 CPS网络物理模型

CPS网络物理模型如图0-8所示。

CPS网络架构与SOA架构的映射如图0-9所示。

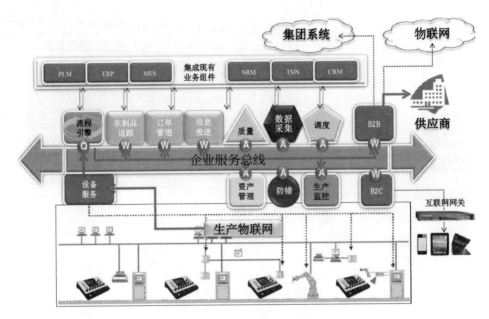

图0-8　CPS网络物理模型

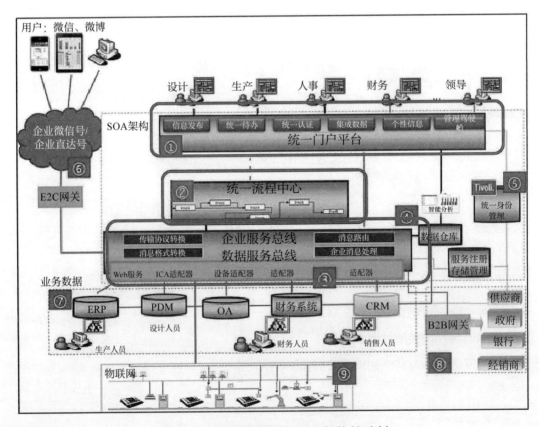

图0-9　CPS网络架构与SOA架构的映射

0.4.2 实现三项集成

集成是工业4.0的关键词，集成是实现智能工厂的技术途径。集成的目标是：使人与人、人与机器、机器与机器以及服务与服务之间能够互联，从而实现纵向、横向和端到端的高度集成。

0.4.2.1 纵向集成

纵向集成就是解决企业内部信息孤岛的集成，工业4.0所要追求的就是在企业内部实现所有环节信息无缝连接，这是所有智能化的基础，如图0-10所示。

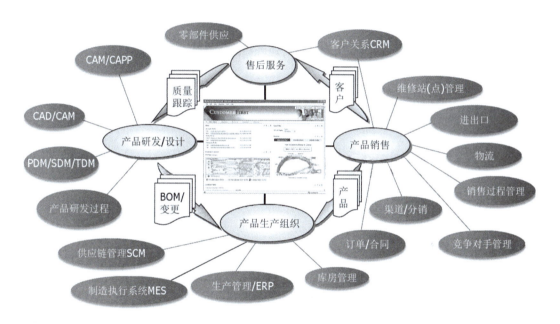

图0-10 纵向集成

0.4.2.2 横向集成

横向集成是企业之间通过价值链以及信息网络所实现的一种资源整合，为了实现各企业间的无缝合作，提供实时产品与服务，如图0-11所示。

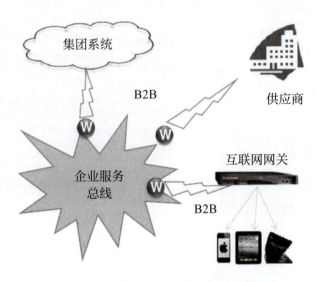

图0-11 横向集成

0.4.2.3 端到端集成

端到端集成是围绕产品全生命周期的价值链创造，通过价值链上不同企业资源的整合，实现从产品设计、生产制造、物流配送到使用维护的产品全生命周期的管理和服务，如图0-12所示。

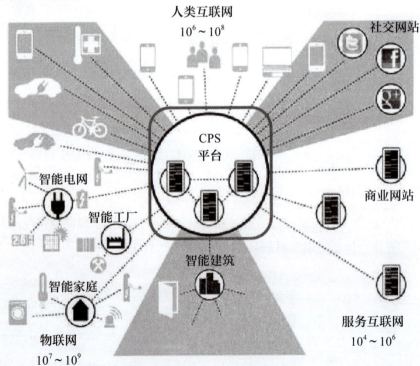

图0-12 端到端集成

0.4.3 大数据分析

工业4.0的核心就是数据，他们会渗透到企业运营、价值链乃至产品的整个生命周期，是工业4.0和制造革命的基石。数据主要有以下四类：

第一类是产品相关的数据，俗称企业主数据；

第二类是运营数据，一般称为交易数据；

第三类是整个价值链上的数据，如供应商、分销商、客户等数据，也是属于企业主数据管理的范畴；

第四类是对企业经营分析有价值的外部数据。

0.5 工业互联网与智能制造下的创新智慧型班组管理模式

0.5.1 工业4.0下信息技术的快速发展对班组管理的影响

信息技术的快速发展加速了移动互联网的发展，呈现出虚拟化、信息化、开放式、平等式、去中心化、分享等新特征，同时使企业内部运作和基层管理面临三大挑战，如图0-13所示。

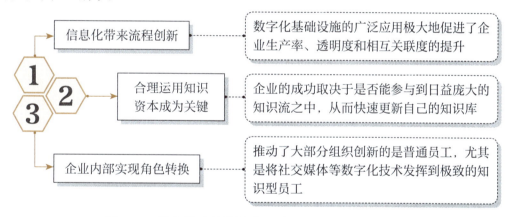

图0-13 信息技术的快速发展对班组管理的三大挑战

对于企业基层班组管理来说，班组管理要坚持创新，适应移动互联网时代虚拟化、平等式、多元化要求，持续提升班组效益；利用信息化手段构建班组的沟通与交流模式，搭建信息化互动交流平台，实现信息流的随时随地随处的流动，实现知识资本增值；加强知识型员工管理，实施个性化管理和多元化激励，构建高绩效知识型团队；以信息化为手段开展流程创新，对班组进行PDCA闭环管理，提高班组运营效率。

0.5.2 智慧型班组的基本概念和内涵

0.5.2.1 班组管理理论基础

班组管理理论经过百年演进，经历了九大历程、三大阶段，现在迈入第四个阶段：班组的智慧型管理、人文管理、创新管理阶段，见表0-1。

表0-1 班组管理的发展历史

阶段	管理理论溯源	代表理论	班组管理核心思想的发展
标准化管理阶段	（1）经济人假设 （2）运用科学手段加强管理的标准化 （3）以提升生产率为组织核心目标	（1）泰勒科学管理理论 （2）组织管理理论	应用科学的方法、手段、工具将一线员工的实践经验总结归纳成标准化的工作方法；建立严格的工作制度和纪律
社会化管理阶段	（1）社会人假设 （2）重视组织目标与个人目标的一致性 （3）重视管理者的职责与角色	（1）行为科学管理理论 （2）管理过程理论 （3）社会系统管理理论 （4）经理角色管理理论 （5）质量管理理论	充分认识到心理因素对员工的影响；充分发挥非正式组织在一线员工管理中的作用；要加强面向班组的合理授权，激发组织活力和创新性；强调班组工作目标和个人目标的协调一致；加强班组长培训，强化班组长的职责和作用；建立顺畅的信息沟通系统，使得基层人员和管理层对组织工作保持一致认识
知识化管理阶段	（1）围绕组织目标对经营流程和管理制度进行变革 （2）重视知识和信息对组织管理的作用	（1）流程管理与企业再造理论 （2）学习型组织理论	积极面对竞争激烈、市场复杂多变的外部管理环境，推动系统性的组织管理创新与变革；不断加强组织学习，以学习和创新作为推动组织变革的核心动力
班组管理新阶段	各种新兴管理理论	（1）创新管理 （2）智慧型管理 （3）人文管理 （4）善治理论 （5）人性假设理论	针对互联网、知识经济等环境带来的变化，对班组管理模式进行深刻变革，建立灵活化、虚拟化、学习式、自适应的班组管理新模式

从表0-1可以看出，整个班组理论的发展史，是随着管理理论的发展而推进的，百年管理思想精髓要求企业在人性基本假设、班组管理基本目标、手段与方法等各层面加强班组管理。

（1）班组理论应当以人为本。随着环境的变化，管理学对人性的假设不断深入。企业要从实际出发，将对人性的基本假设作为管理模式构建的基础，进而构建确定管理的基本类型是科学化管理、制度化管理还是人性化管理。

（2）班组必须确定基本管理目标，是促进内生发展，还是人性自由成长，还是效率革命？企业要以人为本，全面改进班组的管理模式、手段、方法、工具，要转变为以人性发展为导向。

（3）在互联网时代，信息技术发展给班组的传统组织结构与运作形态带来新的冲击，班组的组织形态呈现虚拟化的特征，企业需要研究如何适应这种形态，建立更为柔性、自适应的组织形态。

（4）信息技术的发展为班组管理带来了更加便利有效的工具，企业需要加强管理方法创新，充分运用信息技术来提升管理效能。

0.5.2.2 班组管理模式的新思考

通信企业的班组管理已经初步形成了规范化的框架，形成了一套基本的班组建设管理的工具集合和方法论，让班组管理走上规范化、制度化、科学化的道路。内外部发展环境的变化对班组管理提出了新的要求。

（1）班组进入泛中心化时代、自组织自适应时代，强调扁平化的管理方式，强调人的需求动机的驱动。

（2）班组是学习型团队，可能没有主导者，人人都是发起者、参与者。

（3）班组的定位和作用发生变化，从制度化、规范化建设走向素质建设、活力建设、创新建设阶段。

（4）班组的重要性和地位日渐提高，成为独立的、专业的职能管理工作领域。

（5）班组的管理方式形成了更加垂直一体化的深度化、规范化管理方式。

（6）内部信息扁平化带来管理层级减少，班组的授权程度不断提高，获得更大的自治权和灵活性。

（7）在互联网深度信息化的条件背景下，人性需求驱动型方面产生更多的管理模式和管理行为，对班组建设的资源投入持续加强。

（8）强调班组间的知识交流、协作。

0.5.2.3 智慧型班组管理SGM内涵

以百年管理理论为基础，以新时期班组管理模式新要求为出发点，创新提出新时期"智慧型班组管理"的概念。所谓智慧型班组管理SGM（Smarter Group Management），是针对虚拟化班组中的知识型员工之间以及虚拟班组之间的自适应、互学习、分享式的管理变革运动，是一种班组建设新的管理模式。

0.5.2.4 智慧型班组理论特征

智慧型班组理论具备以下特征。

（1）智慧型具有自学习功能。

（2）应用了最先进的信息网络技术手段，围绕着管理的需求生成智能化的应用，对数据和信息资源进行集中化存储和管理。

（3）强调快速学习和适应的灵活性、非常柔性，更好地体现为自适应型组织状态。能够快速学习并将之转化为适应能力，实现迅速的管理目标和要求。

（4）体现了和谐、包容、学习、成长的新的时代特征和发展要求。

（5）智慧型应该是一个人或一个组织的最佳成长目标。员工幸福感得到有效提升，实现个人目标与组织目标的一致。

0.5.3　智慧型班组的内容框架和管理模式

0.5.3.1　智慧型班组管理模式

根据智慧型班组理论，将智慧型班组的管理模式分为三个方面，分别为：对于技术层面的信息管理（过程管理），对于知识资源层面的知识管理以及对于文化层面的知识型员工的管理（如图0-14所示）。其中，技术层面是所有工作的物质基础，强调云技术在新型班组管理模式中的应用；知识资源层面是核心，强调新型的网络管理模式的应用；而知识型员工作为知识的载体，是智慧型班组理论的主要管理对象，强调对于这部分员工的"以人为本"的文化管理过程。

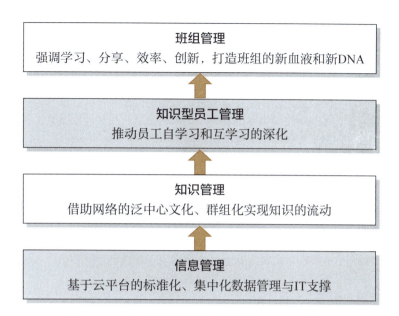

图0-14　SGM智慧型班组管理模式的应用思路

基于智慧型班组管理模式应用的三大管理要素，即信息管理、知识管理、知识型员工管理，总结提炼创新出智慧型班组的理论框架（如图0-15所示）。

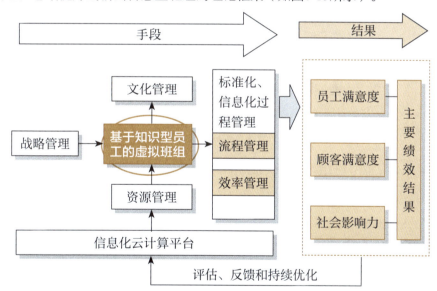

图0-15　SGM智慧型班组理论框架

0.5.3.2　智慧型班组管理的核心要素

结合企业班组管理具体实际，以SGM智慧型班组理论框架为基础，明确提出智慧型班组管理的六大核心要素（如图0-16所示）。

| 管理平台 | 通过打造班组管理信息的云计算平台，实现资源、信息和知识的集中化管理，营造知识和信息交流互动的环境，实现知识的流动和增值 |

| 管理手段 | 广泛应用各种信息化手段（如微博、在线社区、维基百科）以电子化手段强化班组内部、班组之间的联系，替代传统意义上的以物理空间为主的联系。使得班组之间的交流更加顺畅、实时 |

| 管理形态 | 管理的内容和手段转向虚拟化。班组管理内容主要是知识型员工的知识创造、使用、创新过程，管理手段主要通过网络虚拟化手段实现，而非现场管理。给予员工充分的创新空间 |

| 管理文化 | 改变过去纯粹KPI导向的绩效文化，强调以"创新、效率、学习、分享"为核心的文化理念，强调以文化提升员工价值、企业价值和客户价值，实现员工、企业的共同成长 |

| 管理评价 | 建立一套对班组建设管理的评价体系。班组建设这几年来一直处于创新探索状态，要建立全新的班组建设和评估的管理指标体系和方法工具，能够更好审视班组建设的问题，在原有基础之上进行一些更新和创新 |

| 管理模式 | 总结提炼有影响力的品牌口号，成为新时期工人，树立新时期产业工人的新形象。让本班组建设经验、模式、方法、工具和理念走出本行业，在行业外进行有效的推广复制，发挥更大的价值造力 |

图0-16　SGM智慧型班组管理的核心要素

0.5.4　智慧型班组的应用举措

0.5.4.1　智慧型班组理论应用思路

以SGM智慧型班组理论为基础，结合企业班组管理实践，创新探索出智慧型班组管理模式，SGM班组管理模式从管理平台、管理手段、管理形态和管理文化四个方面入手，聚焦班组建设上的技术层面、资源层面和个人层面三个方面的问题，建立相应的评价体系，SGM智慧型班组管理模式的应用是一个带有反馈机制的，不断自我改进的、以人为本（尤其是知识型员工为本）的管理模式，不仅能够解决小范围的、短期的绩效目标问题，还能够解决长期的、大范围的（例如针对广义利益相关者的）公司绩效目标问题。

0.5.4.2 智慧型班组管理模式应用举措

根据SGM智慧型班组的管理模式思路由下而上分三个层次建立这种新管理模式的基础，这三个层次分别如下所述。

（1）标准化、信息化的过程管理——技术层面

SGM智慧型班组管理模式是通过打造云计算平台，用信息化手段创造一种无时无刻、无所不在的沟通环境和学习交流环境，从而产生群组的聚合效应。为了建立多层次的信息展现和互动沟通机制，满足班组建设的需求，建成由多个Web2.0技术平台组成的综合性班组博客平台，为班组自主管理提供有力支撑。

在信息技术的广泛应用下，地域的限制不存在了；在工作模块的标准化框架下，班组类型不同的约束不存在了。班组可以完整地展现本班组对公司核心价值观的理解、当年乃至当天的工作任务及完成情况、制度的落实情况，可以任意选择公司内的班组进行交流和学习。博客圈中的班组成员可以方便地了解圈内成员的情况。中高层管理者可以随时通过阅读博客进行"电子穿越"，了解一线员工的工作、学习、生活情况及他们的意见和建议；也可以随时加入某个班组，进行"电子蹲点"，与所选班组共同组成一个小组，与该班组共同发表博文，开展班组建设。还可以进行"电子点评"，对任一篇博文的意见进行反馈，从而拉近他与基层员工的距离，推动公司的虚拟化沟通，降低公司的沟通成本。

（2）知识管理——资源层面

SGM智慧型班组管理模式协助班组建立知识管理的SECI模型（见图0-17），对于不同的知识进行不同模式的转变，实现班组知识积累和增值。

图0-17　SECI知识管理模型

SECI知识管理模型说明如表0-2所示。

表0-2　SECI知识管理模型说明

表现方面	具体实施措施
群化方面	可以建立公司级"维基百科",寻找员工中的"知识大师",将经验、知识上传至公司的知识库,这是产生新的隐性知识的过程。在此过程中,公司需要着重解决"如何识别和组织领域中的专家,如何沟通协作,如何总结和传递经验教训"等重要环节
外化方面	企业可以建立一对一电子化培训体系,针对个人职业将各类知识、经验、培训课程进行分类、整合、自动推送。这是把隐性知识表达出来成为显性知识的过程。此过程中,企业需要着重解决"缺乏自动化的流程来捕捉隐性知识,缺乏贡献隐性知识的激励环境"等方面的问题
融合方面	企业可以建立在线社区论坛,鼓励员工间互相交流,从多个来源收集、整理和学习知识,并获得新的知识,即显性知识组合形成更复杂、更系统的显性知识体系的过程。此过程中,企业需要着重解决"大量知识被独占或隐藏,存在于不同介质中的知识难于整合,需要提高搜索技术"等问题
内化方面	企业可以打造学习型文化,通过鼓励员工自主学习来实现知识的应用。即把显性知识转变为隐性知识,成为个人与团体的实际能力的过程。在此过程中,公司需要着重解决"信息量过大,需要有良好的信息处理机制"等重要环节

（3）知识型员工管理——文化层面

知识型员工作为"智慧型化"的核心,是在目标公司班组转型中需要着重关注的员工群。针对这类员工的特点,激发建立多元化的激励机制,激发知识型员工的使命感、成就感。通过增加内在报酬,提升知识型员工的满意度。内在报酬主要表现分为自主性、掌握能力和意义三种形式,如图0-18所述。

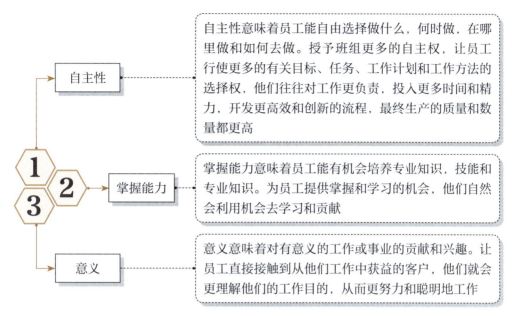

图0-18 内在报酬主要表现形式

为了配合激励机制，企业可以运用以下七个步骤（如图0-19所示）打造以知识员工为核心的班组知识共享文化。

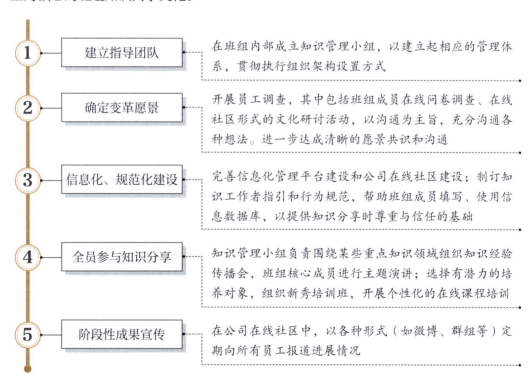

图0-19

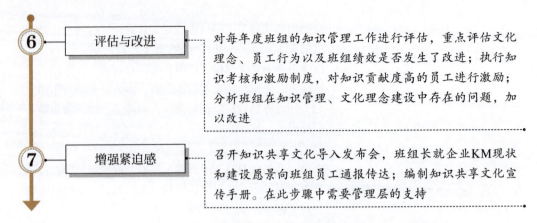

图0-19　打造以知识员工为核心的班组知识共享文化的步骤

Chapter 1

班组管理概述

1.1 什么是班组

班组是制造企业的一个最基本的生产（工作）单位，班组管理工作是班组工作的最基本的内容。班组长要全面掌握组管理所需要的知识。

1.1.1 班组的概念

班组是根据企业内部的劳动分工及管理的需要，把有关人员按一定的管理制度组织在一起。一般来说，班组是按产品、工艺管理的要求所划分的基本作业单元，它由同工种员工或性质相近、配套协作的不同工种员工组成。

1.1.2 班组的组建原则

班组的组建一般按照以下原则进行，如图1-1所示。

图1-1　班组的组建原则

1.1.2.1 生产工艺化原则

生产工艺化原则是指企业集中同类型的工艺设备和同种技能的员工对不同产品进行相同的工艺加工。他们一般不能完成产品的全部加工工序。这种组织的班组的优点是便于班组长进行管理和技术指导，便于考核班组成员劳动成果，能较快地满足产品更新换代的需要；缺点是每种产品（或零部件）的制造需要经过许多班组，加工路线长，生产周期长，占用资金多，协作关系复杂，容易出差错。

1.1.2.2 对象专业化原则

对象专业化原则是指按照生产某种产品或零部件的需要，集中多种生产设备和不同工程的技术员工，对相同的劳动对象进行不同工艺的加工。它的优点是可以缩短产品加工路线和生产周期，减少在制品和流动资金的占用量，简化班级之间的协作关系，减少扯皮；缺点是员工对生产多种产品的适应能力差，设备得不到充分利用，班级内部管理复杂。

1.1.2.3 混合原则

混合原则是指生产工艺化原则和对象专业化原则相结合。

总之，班级的设置要从企业的实际情况出发，适应企业内部经营机制转换的需要，要有利于生产，有利于管理，有利于提高经济效益。班组人数的多少，要以劳动效率的提高和班组长有效的管理来决定。

1.1.3 班组的分类

企业班组大致可以分为四类：生产班组、辅助班组、职能班组、服务性班组。

1.1.4 班组的特点

班组的特点如图1-2所示。

图1-2 班组的特点

1.1.4.1 班组结构的显著特点——小

一个班组所属员工少则几人，多则几十人；生产设备少的只有一两台，多的不过十几台；生产的产品有的只有一种，有的只有一种产品中的某几道工序；生产方式比较单一，有的是班组全体成员从事同一工种，有的是从事同一工序，有的是几个工种或几道工序的简单组合。因此，再大的班组，与同属基层的车间、工段（作业区）相比较，无论从哪个角度看，都显得小。

1.1.4.2 班组生产管理的特点——细

"细"是指任务分配细，各种考核细，管理工作细。比如从生产任务的分解、落实过程来看，企业作为一个整体，一项生产任务从企业分解、下达到各车间，各项经济指标的考核对象是车间；车间把经过第一次分解的局部任务，按照每个班组不同的生产职能，再分解成若干个更小的局部任务下达到班组，此时各项经济指标的考核对象是班组。可见，当班组接到这个"小局部任务"时，它要把这个仍然具有综合性的任务分解落实到班组的每个成员，班组各项经济指标的考核对象是员工。可见，班组的特点是：面向每一个人，把任务落实到人，考核到人，管理到人，所以是企业生产管理中最细的一个层次。

1.1.4.3 班组工作的特点——全

"全"是指企业的任何工作都要落实到班组，都要贯彻到班组。如生产工作要通过生产组长落实到班组；工会工作要通过工会组长落实到班组；宣传学习要通过"宣传员"落实到班组，成本核算要通过"经济核算员"落实到班组；安全生产、劳动保护和环境卫生要通过"安全卫生员"落实到班组；企业内部的优化劳动组合，打破大锅饭的奖金分配等都要通过班组长落实到班组等。所以，班组工作是企业全部工作的缩影。

1.1.4.4 班组长工作的特点——实

"实"，一是指班组长不脱离生产；二是指班组长要解决班组内许多具体实际问题。班组处于"兵头将尾"的特殊地位。在员工中，班组长是"将"，在干部中，班组长又是"兵"。他们是不脱产的"将"，指挥一班人的"兵"。班组长天天与组员、设备、产品打交道，所接触的是员工千变万化的思想，要解决的形形色色的具体实际问题。比如在生产中，班组长一方面要有技术，有吃苦精神，用榜样的行为来当好"兵"的带头人；另一方面，又要在生产劳动第一线指挥全班人。因此，班组是企业各项工作的落脚点。企业的生产工作、技术工作、质量工作及其他各项工作都要在班组中去落实，并通过班组日常活动来实现。从各项意义上来说，班组工作做得好坏，对企业的发展起着决定性的作用，只有班组充满生机，企业才能充满活力。

1.2　培养和选配优秀班组长

提高班组建设水平，关键是培养和选配优秀班组长作为班组建设的带头人，这是班组建设的关键，是实现班组建设目标的重点。

1.2.1 班组长的要求

1.2.1.1 职业道德素质

班组长的职业道德素质，是班组长的最基本素质。班组长的职业道德素质应包括下列几方面内容，如图1-3所示。

要有强烈的事业心	班组长要热爱班组工作，勇于开拓，以搞好班组工作为己任，不断努力加强班组建设。在工作中遇到困难和挫折不泄气、不消极，勇往直前，坚信自己的工作是有价值的
要有原则性和民主意识	班组长是一班之长，既要果断处理班组日常工作，又不应武断。要坚持民主集中制，经常召开班组骨干会议和班组民主生活会，听取组员对班组工作的意见和建议。在班组里能做到敢于和不良行为斗争，不做老好人，更不能庇护错误思想和错误行为，要树新风立正气，使班组工作既有原则性，又有民主意识
要有高尚的情操	班组长为人处事要诚实正直，用现代社会风尚规范约束自己，做遵守社会公德和职业道德的典范；要平等待人，在班组中不厚此薄彼；要胸襟宽大，团结和自己意见不同的同志一道工作；对自己的缺点错误不文过饰非

图1-3　班组长的职业道德素质要求

职业道德素质与班组长所需具备的其他素质结合在一起，将使班组建设的基础更加坚实。

1.2.1.2 专业技术素质

班组长的专业技术素质，是指班组长为完成班组的生产（工作）任务应具备的专业知识。班组长要熟悉本工种的基础理论知识，熟悉本工种的各种基本操作技能，熟知班组所有工具设备的性能，并能正确使用、维护、保养和保管。此外，随着技术和信息的快速发展，企业技术更新越来越快，因此，班组长还要对本企业的技术更新和从国外引进的新设备、新技术、新工艺有较快的消化吸收能力。

1.2.1.3 组织管理素质

组织是按照一定的目的、任务和形式构成的一种系统。组织管理是对组织按一定程序和要求进行管辖治理的总称。班组是根据企业内部劳动分工与协作的需要，按照不同工艺或产品的要求，把生产经营（工作）过程中相互联系的有关人员组织在一起从事企业生产经营活动（或工作）的最基本单位，也是企业的最基层组织。

班组长是不脱产的"将",指挥一班人的"兵"。古话说:"兵不在多在于精,将不在勇在于谋"。兵要"精悍",将要"谋略",班组长集"兵""将"特色于一身,必须有"兵"的实干、"将"的韬略。班组长是企业的"兵头将尾",是生产现场的"管理者"。班组长在直接从事操作的同时,主要是组织推动组员完成生产工作任务,这就是人们称班组长为"管理者"的理由。因此,班组长应具备以下组织管理的素质,如图1-4所示。

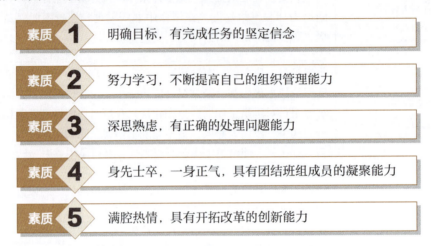

图1-4　班组长应具备的组织管理素质

1.2.1.4　文化知识素质

班组长的文化知识素质,是指班组长应具备一定的文化知识水平。文化知识素质主要包括文化水平、知识结构和实际经验等方面内容。随着企业科技含量越来越高,以及管理科学的广泛应用,对处在生产第一线的班组长的文化知识要求越来越高。

班组长要努力提高自己的文化知识,一般要从图1-5所示的几个方面入手。

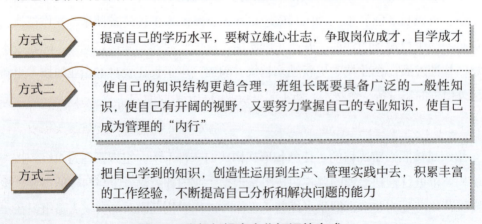

图1-5　班组长提高文化知识的方式

1.2.2 班组长的培训

企业应制订班组长培训计划，利用业余时间对班组长进行分期全面培训。培训计划应结合实际对培训工作进行具体安排，培训形式可以采用灵活机制的办法，充分利用班前（后）会、安全会、早调会进行培训。总体计划，分次进行，实行集中培训和日常培训相结合。

班组长培训的主要内容如图1-6所示。

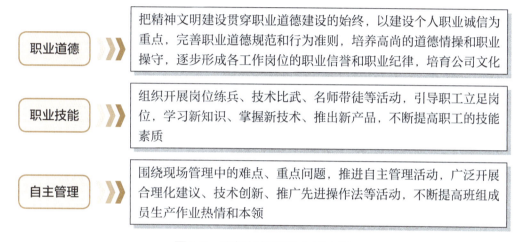

图1-6　班组长培训的主要内容

1.3 | 奠定班组管理的基础工作

班组管理的基础工作主要内容包括六个方面：班组标准化工作、班组定额工作、班组原始记录、班组计量工作、班组信息工作、班组规章制度和班组基础教育。班组管理基础工作的各项内容在班组管理中既相互联系，又各自独立，具有重要的地位和作用。

1.3.1 班组标准化工作

班组标准化工作是指以制定和贯彻各项标准为主要内容，使班组工作形成制度化、程序化、科学化的活动过程。企业标准主要通过班组进行贯彻，因此班组长标准化工作是企业标准化的重要组成部分。

1.3.1.1 班组管理标准化

班组标准化工作应围绕日常管理工作进行，主要有以下内容。

（1）日工作标准化

班组成员每天的生产、工作、学习要有一定的程序，形成制度。其工作程序如图1-7所示。

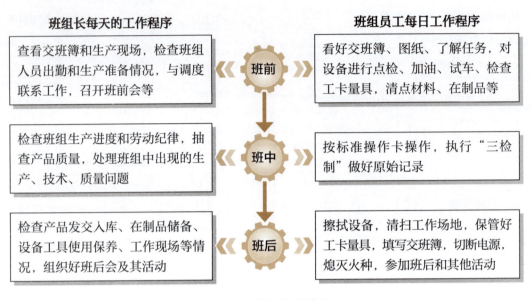

图1-7　每日工作标准化

（2）周工作标准化

如每周召开一次班组会，研究班组工作，总结上周工作，落实本周计划，提出完成各项工作的方针和措施，进行一次设备和生产现场清扫工作等。

（3）月工作标准化

月工作标准化的内容如图1-8所示。

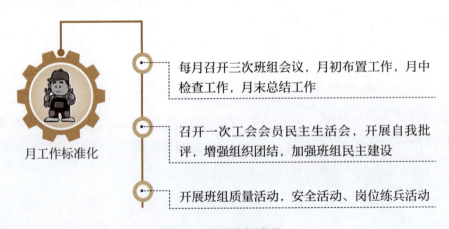

图1-8　月工作标准化

（4）原始记录台账标准化

班组原始记录和汇总台账应根据齐全、准确、及时、适用、系统、简便的要求，把原始记录的内容、形式、方法、传递程序、时间、要求、岗位责任形成标准，便于统计和检查。

（5）场地标准化

把班组名称、生产作业指示图表、班组和个人月度技术经济指标完成情况图表（包括产量、质量、消耗、设备、安全、出勤等）、班组岗位经济责任制、班组活动记录、交接班记录等在规定的板面和墙上，按统一的样式、大小进行设计布置。

（6）工序操作标准化

工序操作标准化的内容如图1-9所示四点。

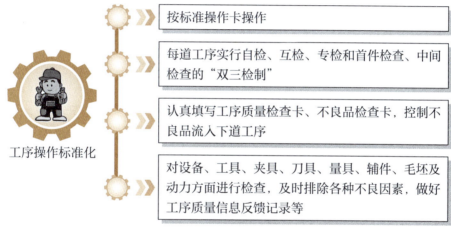

图1-9　工序操作标准化

1.3.1.2　安全管理标准化

加强以"三不伤害"为主的现场安全管理，完善安全技术措施，明确责任，严格考核，逐步实现安全工作标准化、安全用语标准化、安全标志标准化、防护用品穿戴和使用标准化，创造安全、文明、有序的作业环境。

1.3.1.3　现场环境标准化

实行定置管理和文明生产，使生产现场的一切要素和活动实现标准化，做到作业区域的物品和工具摆放标准化、环境卫生标准化，确保生产现场秩序井然，整洁规范。

1.3.1.4　班务管理标准化

加强班组内部的民主管理和基础管理，班组内部分工明确，责任到人。班组的学习活动、作业安排、工器具管理、绩效考评等基础管理标准化。

1.3.2 班组定额工作

班组定额是在主管部门统一领导下，在一定的生产技术条件和时间内制定的有关班组人力、物力、财力利用及消耗所应遵守或达到的数量标准。在班组中，凡是能够计算和考核工作量的岗位和人员，都要建立平均先进的定额。所谓平均先进，就是经过努力，多数人可达到或超过，其余人可以接近的水平。

定额的种类，按定额的内容可以划分为劳动定额、物资消耗定额、期量标准等，如图1-10所示。

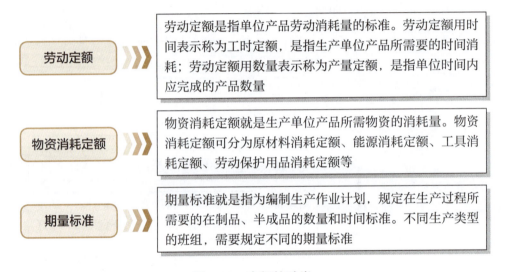

图1-10 定额的种类

1.3.3 班组原始记录

班组生产管理活动的原始记录和统计报表是班组工作成果的主要表现形式，是按劳分配的依据，是企业进行生产经营管理活动的第一手材料，是企业信息工作的最基本环节和工作基础。因此，搞好班组管理基础工作首先从抓好班组原始记录工作入手。

班组原始记录的内容如图1-11所示。

班组在设计原始记录时应考虑：记录对象、时间、内容、格式、方法、传递路线等主要内容。原始记录应达到以下几方面要求：齐全、准确、及时、适用、系统、简便。

班组原始记录的收集是一项量大面广而烦琐的工作，涉及经营管理活动各个方面。因此班组必须按原始记录的内容、对象、范围、时间、频率、数量等方面的要求，制定严格的管理制度和工作程序，使收集工作做到准确、可靠、完整。

图1-11　班组原始记录的内容

1.3.4　班组规章制度

班级规章制度是指班组对生产技术、产品质量、经济活动、安全文明生产、生活学习等方面所制定的各种规则、章程和办法的总称。它是班组全体员工必须遵守的规范和准则，是实现班组管理科学化不可缺少的管理基础工作。

1.3.4.1　必要的班组规章制度

不同类型、不同规模的班组，规章制度不尽相同，但必须从符合专业管理要求，符合生产、技术和经济活动规律的要求出发，建立一些必要的班组规章制度。

班组规章制度的重点是岗位责任制。岗位责任制是按照生产工艺、工作场所、设备状态和工作量的情况，合理地划分岗位，明确每个岗位任务、责任和要求，实现定岗、定员、定责的工作制度。

制定和执行岗位责任制度，可以保证班组有秩序地、协调地完成各项生产（工作）任务，明确规定每个人在各自岗位上应担负的任务和责任，消除无人负责、职责不清和相互扯皮现象。岗位责任是班组各项制度的基础，是进行考核、评比的重要内容和依据。它主要由以下的制度和内容组成，如图1-12所示。

图1-12 岗位责任制度的组成

1.3.4.2 班组规章制度的要求

制定班组规章制度，要根据本班组的实际情况和生产经营管理的需要，认真总结班组经验和学习其他班组先进经验。具体要求如图1-13所示。

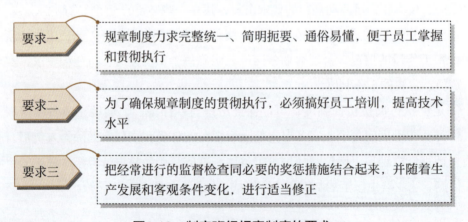

图1-13 制定班组规章制度的要求

Chapter 2

班组员工管理

2.1 人员配备管理

要使本班组的工作顺利进行，必须把人员配备妥当。在现代化生产，尤其是流水线生产方式下，某一岗位人员的缺岗，会直接影响整个生产线的工作进度、订单产品的质量、交货期。在一些企业里，班组人员的配备不是班组长权限内的事，但是对班组人员的要求，人力资源部在招聘、调配人员时，一般都会参考班组长的意见。他们知道，只有班组长真正明白某一岗位人员的能力要求。所以，作为班组长，应为班组人员的配备、调配积极地提出好的建议，争取找到合适的人选，从而高效、高质地完成班组任务。

2.1.1 班组定岗管理

班组定岗是指班组根据生产工艺和班组职能管理的需要，做出明确的岗位设定和技能要求来确定人员编制。如果生产产品的型号变化会带来弹性用工需求的话，则要求明确其需求变化规律。

2.1.1.1 根据工艺确定生产岗位

专业研究表明，一个人能有效管理的直接人数为10人左右，所以一个班组的人数设定以5～8人为宜。根据这一特点以及生产工艺流程，来合理设置班组人数。

设置班组后，根据生产工艺确定生产岗位，根据作业内容配置相应的人数。一般来说，一个岗位配备一位作业员工，某些产品有特殊的工艺要求需要临时增加人员的，在班组人员编制上也应事先予以明确，这样才能避免用工需求的紧急性。

每个工位配备一个员工。

2.1.1.2 按需设置职能管理岗位

一般来说，生产班组的职能管理包括计划管理、物料管理、质量管理、考勤管理、设备管理、5S管理、安全管理、成本管理、低值易耗品管理等，这些职能管理工作可以根据班组大小和工作量大小采用不同的方式进行。

第一种方式是所有职能管理均由班组长负责，这种方式适合于人数不多、工作量不大的班组；第二种方式是大部分职能由班组长负责，工作量特别大的某个职能设定辅助岗位，如物料员等；第三种方式是设副职与班组长共同配合、分担管理职能，或同时设辅助岗位，这种方式适合于人数特别多、工作量特别大的班组。

不同的岗位对技能要求和资格要求也都不一样，所以班组定岗不仅是对人数的要求，而且还是对技能、资格的要求，班组长应该切实把握实际。

对于没有设副职和辅助人员的班组，班组长可以让骨干分担班组职能管理工作，这样不但能防止班组长陷入过多烦琐的具体事务中，还能使骨干在做好本职工作的同时做好班组长的助手，这也是培养班组长后备力量的有效方式。

2.1.2 班组定员管理

班组定员管理，简称定员。指班组在用人方面的数量界限，根据班组的工作目标、规模、实际需要，按精简高效的原则确定一定人数的过程。

班组定岗之后，班组的标准人数就能基本确定，如果生产产品的型号变化会带来弹性用工需求的话，班组定岗还要相应地明确其需求变化的规律。班组定岗定员通常以班组组织表的形式体现，被批准的组织表是人员需求和作业补员的重要依据。组织表是班组人员管理的重要工具，是班组职能管理的综合体现。

某工厂班组定员看板显示。

运用书面化的班组组织表并及时更新、动态管理，一个阶段内的人员安排就会一目了然，这样便于班组长掌握和调整班组人员。

2.1.3 人员定岗管理

定岗就是采取一定的程序和科学的方法对确定的岗位进行各类人员的数量及素质

配备。

2.1.3.1 员工定岗原则

员工的定岗是根据岗位要求和个人状况来决定的。根据岗位质量要求的特点，可以把员工的岗位区分为重要岗位和一般岗位；根据岗位劳动强度的大小，可以将员工的岗位区分为一般岗位和艰苦岗位。根据员工的身体状况、技能水平、工作态度，以保证质量、产量和均衡生产为目标，可按照下述原则进行定岗安排。

（1）"适所适才"原则，根据岗位需要配备适合的人员。

（2）"适才适所"原则，根据个人状况安排适合的岗位。

（3）"强度均衡"原则，各岗位之间适度分担工作量，使劳动强度相对均衡。

2.1.3.2 员工定岗好处

（1）员工在一段时间内固定在某个岗位作业，能尽快熟练作业技能，并熟能生巧。

（2）员工定岗有利于保证管理的可追溯性，能够责任到人，做到业绩好管理、问题好追查。

（3）员工定岗有利于提高和稳定员工技能，确保安全、质量和产量。

（4）员工定岗有利于提高工作安排和人员调配的效率。

2.1.3.3 未实施定岗的危害

员工定岗后，其操作岗位必须相对固定，不允许随便换岗。

但在实际工作中经常出现员工串岗和换岗的现象。串岗是指一般员工未经批准在一个班次之内短、频、快地在不同岗位交替作业；换岗是指一般员工在一段时间内无组织、无计划地随意变换工作岗位。串岗和换岗都属于无管理行为，极易带来现场管理的混乱，其带来的危害是比较大的。

（1）岗位变换快，员工作业技能不稳定。

（2）易出安全和质量事故，质量和产量难稳定。

（3）责任不清，问题难以追溯，业绩难以管理。

（4）岗位变动大、变动快，处于无序状态，人员难管理。

随着用工制度和用工结构的变化，企业开始出现临时工、季节工、劳务外包等用工形式，班组长根据岗位特点和需要，明确区分岗位性质和用工要求，有针对性地做好定岗定员和人员管理工作，对保障班组目标的实现起着很重要的作用。

2.1.4 员工出勤管理

员工在规定时间、规定地点按时参加工作，不得无故缺席，视为出勤。无故不参加学习工作视为旷工，应受到处罚。管理人员检查出勤情况又称作考勤。

出勤管理是班组员工管理的首要方面，事关员工考勤管理和工资结算，影响现场人员调配和生产进度，涉及人员状态和班组能否运转。随时把握员工的出勤状态并进行动态调整，才能确保日常生产顺利进行。出勤管理主要包括时间管理和状态管理。

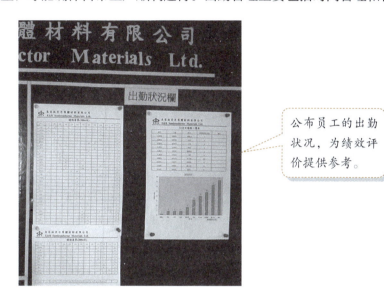

公布员工的出勤状况，为绩效评价提供参考。

2.1.4.1 时间管理

时间管理是指管理员工是否按时上下班，是否按要求加班等事情，其核心是管理员工是否按时到岗，主要表现为缺勤管理。一般来说，员工缺勤有迟到、早退、请假、旷工、离职等几种情形。

（1）对于迟到、早退等情况，应该向当事人了解原因，同时严格按照企业制度考勤。除非情况特殊，一般要对当事人进行必要的个别教育或公开教育，对于多次迟到、早退，且屡教不改者，应该升级处理。

（2）员工请假需按照企业制度，提前书面请假且获得批准后才能休假。特殊情况下可以口头请假，班组长需要确认缘由，并进行恰当处理，既要显示制度的严肃性，又要体现管理的人性化。

（3）出现员工旷工时，应该及时联系当事人或向熟悉当事人的同事了解情况，确认当事人是出现意外不能及时请假还是本人恶意旷工，如果是前者应该首先给予关心，必要时进行指导教育，如果是后者则应该当作旷工事故按制度严肃处理。

（4）碰到员工不辞而别的离职情形，应该及时联系当事人或向熟悉当事人的同事了解情况，尽量了解员工不辞而别的原因。如果是工作原因或个人没想好，该做引导挽留工作的要做引导挽留，就算是员工选择了离职也要给予必要的感谢、善意的提醒，必要时诚恳地听取其对企业、班组和本人的意见或建议。

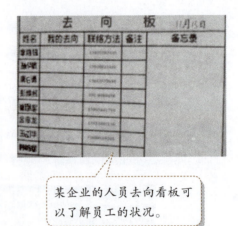

某企业的人员去向看板可以了解员工的状况。

员工出勤的时间管理可以根据考勤进行出勤率统计分析，从个人、月份、淡旺季、季节、假期等多个角度分析其规律。例如，夏季炎热，员工体力消耗大，因身体疲劳或生病原因缺勤的情形就会增多。掌握历年来的规律能为班组定员及设置机动人员提供依据，提前准备，及时调配。

2.1.4.2　状态管理

状态管理是指对已出勤员工的在岗工作状态进行管理，精神状态、情绪、体力如何，班组长可通过观察员工表现、确认工作质量进行把握，必要时可进行了解、交流、关心、提醒、开导，当发现员工状态不佳、难以保证安全和质量时要及时采取措施进行处理；如果发现员工有个人困难而心绪不宁甚至影响工作时，要给予真诚的帮助。所以班组长要学会察言观色，对员工要出自内心地关心，确保生产顺利进行，确保工人到岗、心到岗、状态到位、结果到位。

2.1.5　员工技能管理

技能管理是指对员工掌握的工作技能有一个充分的了解，并能根据其技能进行合理的工作安排。

合格的技能是保证工作质量和产品质量的前提，员工技能管理是质量管理和人员调配的重要条件。所以，班组长要利用班前会、班后会了解员工的技能掌握情况，利用工作言传身教，对不足者加紧培训、指导和跟踪，对优秀者给予肯定和鼓励。班组长不仅要给员工提要求，而且要教员工工作的要领和技巧。把自己的经验和技术系统地整理成书面资料，变自己知道为大家知道，变自己能做到为大家能做到，这样自己工作也就轻松了。

做好员工技能的后备管理，保证一个岗位尤其是重点岗位要有两人以上能独立完成操作。对班组长来说，有了人员储备，班组长工作起来才会心中有底，一旦生产任务有所增加或者人员有所变动，也能做到"化险为夷"。

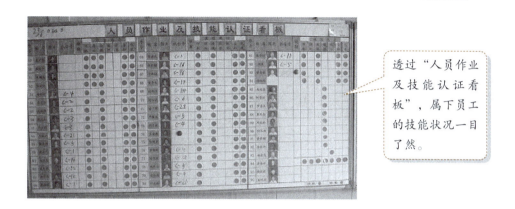

透过"人员作业及技能认证看板"，属下员工的技能状况一目了然。

2.1.6 补员管理与员工轮岗

补员管理是指当出现员工离职或辞职的情形，向人力资源部门提出补员申请，同时做好临时性人员的调配、管理工作。员工轮岗是指员工在本单位内各岗位之间的交替轮换。

2.1.6.1 补员管理

出现员工离职或辞职的情形，班组长应该及时向人力资源部门提出补员申请，同时做好临时性人员的调配工作，使生产进度和质量不受影响。临时补充人员到岗后，班组长要对临时补充人员肩负起如图2-1所示职责。

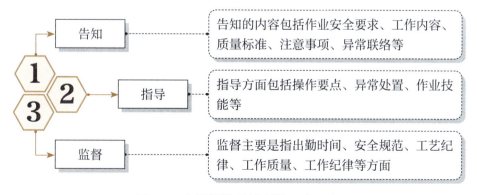

图2-1 班组长补员管理的三大职责

在外来支援人员结束工作之后，班组长要以口头或书面的形式评价其工作表现，客观评价后要给予相应的肯定、表扬或批评，告知本人及其直接领导，最后别忘了先道一声"辛苦"和"感谢"。

2.1.6.2 员工轮岗

适度的岗位轮换有助于提高员工学习的热情和欲望，激发班组成员的干劲，培养多能工和后备人员。员工轮岗安排一定要有计划、有组织地进行，要避免仅凭一腔热情的自由主义。在人员选择上，要选取工作态度好、安全意识高、工作质量一贯稳定、原有岗位技能熟练的老员工为宜。一般来说，老员工到新岗位要完全掌握作业技能，快的也要2~3个月。所以，在时间安排上，老员工转岗周期最好以3~6个月为宜。

在转岗安排上，一旦决定某个员工转换岗位，班组长就要像对待新员工上岗一样，指导他、帮助他，明确转岗时间。一旦转岗，换岗人员就要在规定的时间内固定在新岗位上，不允许随便变化。班组长要做好换岗人员新岗位的技能培训、质量考核和业绩管理工作，确保达到转岗目标。应该强调的是，为了确保岗位轮换的严肃性和计划性，班组长务必要将相关安排书面化，并向相关人员或全员进行公开说明。

2.2 | 员工培训管理

2.2.1 新员工的培训

新员工是指新近录用的人。有时也指内部转换岗位尚未熟练掌握工作的人。新员工由于初来乍到，不清楚各种作业操作流程，就会出现一些难以避免的错误行为。

2.2.1.1 新员工的特征和问题

（1）不能正确地使用礼貌用语，在过道上和上司、同事擦肩而过也不打招呼。

（2）由于不知道对上司的言语措辞，所以被上司问到"明白吗？"后，只能回答"嗯，明白了"之类的话。

（3）不知道工作场所的礼仪。不知道开关门的礼貌、吃饭的礼貌、工作结果的报告方法、异常时的处理方法等。

（4）不能做实际事务，尤其是刚毕业的学生。

（5）由于被斥责少，所以一被上司注意或斥责，就容易变得消沉或极端地反抗。

（6）开会时随意地和旁边的人说话。

（7）对不熟练的作业，会凭自己的一点经验和知识就去做。

（8）工作一不顺利，就埋怨别人，既不进行自我反省，也不考虑再次发生问题应该采取的对策。

（9）不知道团队如何协作，也不去考虑。

2.2.1.2 对新员工培训的方法

（1）应以新员工为对象制作简单的培训手册，内容以公司的组织、职场的礼仪为中心内容，在新员工入厂时就进行培训，之后3个月对培训项目中做得不好的员工要追加培训。

（2）上司看到新员工不符合要求，应马上纠正，不要留待事后处理。

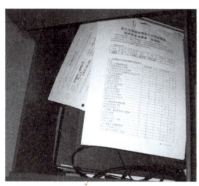

制订好员工的培训计划。

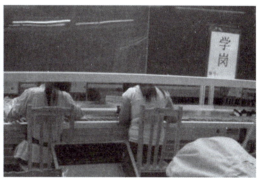

新员工上岗，可以挂个"学岗"牌照。

2.2.1.3 新员工培训的内容

新员工培训的内容如表2-1所示。

表2-1　新员工培训的内容

类别	培训内容
相应规则的遵守	（1）遵守时间规则。要告诉新员工上下班的时间，请假时要事先申请等规则。 （2）遵守服装规则。告知新员工厂服穿着要求和规定，可以用现物来说明或通过描绘成图来说明
礼仪方面	（1）礼节。告诉早晚时同事间见面的礼仪礼节，而且指导其要大声地问好，也要告诉其对来宾的礼仪礼节。 （2）言语措辞。作为对上司的言语措辞，告诉其敬语的使用方法

续表

类别	培训内容
具体作业	（1）动作。在通道和生产场所不要跑动，告诉其应整齐有序地放置好材料和工具。 （2）严格依据作业指导书作业。要做好工作，就要依据作业指导书来作业。使自己迅速成为能独立工作的作业者，进一步努力改善作业以谋求作业水平的提高。 （3）发生不好的、糟糕的事情，如不良品发生、机械故障、劳动灾害发生等要迅速告知上司。 （4）被命令或者指示过的事情，要在被再次催促之前就进行报告，并应养成习惯。 （5）上司指示的事情应在询问理解后再着手做

某企业涂油车间图文并茂的管理准则。

员工仪容仪表是礼仪方面培训的一个重点。

2.2.1.4 对新员工培训效果进行鉴定

新员工培训结束后，要对培训效果进行鉴定，具体可依表2-2所示内容来进行。

表2-2 员工入职技能培训表

编号： 姓名： 入职日期： 入职岗位：

序号	培训内容	培训负责人	完成培训（负责人签字）
1	班组教育培训：欢迎新员工的到来，本班组人员介绍，产品介绍，本班组工序流程介绍，待上岗工位情况介绍、指定监督人	班组长：	

续表

序号	培训内容	培训负责人	完成培训（负责人签字）
2	安全生产教育：安全生产的重要性，安全防护，设备、模具安全管理、车间安全管理及事故举例及其他安全相关主题培训	班组长：	
3	规章制度的培训：对《生产员工及现场管理制度》《生产质量管理制度》《生产自检管理制度》《关于员工离职规定》《工资核算规定》制度进行培训	统计员：	
4	技能培训：产品作业方法培训，生产设备作业指导书培训、生产涉及工具介绍、生产定额介绍	班组长：	
5	生产质量培训：自检所需的技术、质量技能进行培训、进行下发相关质量管理文件培训	班组长：	
6	接收培训人确认受训	（确认签字）	

车间主任审批：
注：1. 凡新来员工上岗前，由车间主任安排入职岗位
2. 新员工上岗前必须经过入职培训后，方可上岗作业，违者处以班组长50元考核，如出现其他严重情况，另行追究责任，其产生一切后果由班组长承担
3. 由车间主任指定培训人员对其进行培训，规章制度的培训由车间统计员统一培训
4. 培训完毕后，培训人员及受训人员必须签字确认，记录最终由生产部备案

2.2.2 进行多能工训练

多能工就是能操作多种机器设备、负责多道工序的作业人员。针对生产任务品种多、批量大、周期紧，同时工种任务集中、不均衡给生产协调带来极大困难，工厂可以实施多能工训练，提高生产效率。

2.2.2.1 多能工训练计划的制订及记录

（1）调查在生产现场认为是必要的技术或技能，列举并记录到多功能训练计划表（见表2-3）的横轴上。

（2）把生产现场和作业者姓名记到纵轴上。

（3）评价每个作业者所具有的技术力或技能，并使用所规定的记号来记录。

（4）制订各作业者的未训练项目的培训计划。

（5）随着训练的进展而增加评价记号。

表2-3 多功能训练计划表

作业技能 员工	取图 2天	剪断 2天	铸锻 2天	展平 3天	消除变形 3天	弯曲 5天	挫磨 5天	冲压成形 5天	整形 5天	热处理 8天	焊锡 8天	熔接 8天	铆接 8天	组装 8天	抛光 8天	训练时间合计 80天
张兵									☆							
李明			◎													
王刚						○										
赵军					×											

注：☆代表100%，◎代表75%，○代表50%，×代表不需学会。

2.2.2.2 多能工训练操作方法

（1）根据多能工训练计划表，按计划先后逐一进行作业基准及作业指导书内容的教育、指导。

（2）完成初期教育指导后，进入该工程参观该作业员操作，注意加深其对作业基准及作业顺序教育内容的理解，随后利用中休或加班时间，由班长指导进行实际作业操作。

（3）在有班长、副班长（或其他多能工）顶位时，可安排学员进入该工程与作业员工一起进行实际操作，以提高作业准确性及顺序标准化，同时掌握正确的作业方法。

（4）当学员掌握了正确的作业方法，并能达到其作业基准，又具备正常作业流水线的速度（跟点作业），也就是说完全具备该工作作业能力后，可安排其进行单独作业，使其逐步熟练达到一定程度的作业稳定性并能持续一段时间（3～6日最好）。但训练中的多能工学员在正常跟点单独作业时，班长要进行确认。

（5）考核学员的训练效果。检查作业方法是否与作业指导书的顺序方法一致，有没有不正确的作业动作，如果有要及时纠正；进行成品确认检查，成品是否满足品质、规格要求，有无作业不良造成的不良品。

员工的上述检查均合格后，对该员工的工程训练就可以判定为合格。

2.2.3 OJT培训

所谓OJT，就是On the Job Training的缩写，意思是在工作现场内，上司和技能娴熟的老员工对下属、普通员工和新员工们通过日常的工作，对必要的知识、技能、工作方法等进行教育的一种培训方法。

2.2.3.1 如何做好OJT培训工作

（1）首先掌握受训者的工作情况，技能情况。即熟悉培训对象。

（2）对受训者明确指出培训目标，以及通过培训要让他们达到什么层次标准，即指明培养目标。

（3）明确告诉受训者，现在他们的水平和希望他们能达到的水平之间，差距还有多大，即指明差距。

（4）明确告诉受训者，为了消除这个差距，实现目标需要在哪些方面学习，怎么学习，学习多长时间。即给出长期的学习与培训的计划。

（5）进一步作出详细的学习、培训内容项目与日程。即作出短期内、阶段性的学习、培训计划。

2.2.3.2 对各个阶层类别的OJT要点提出说明

（1）对新进人员的OJT要点

新进人员刚到一个新的企业所学习到的东西，很容易生根。因此，在一开始就须授以正确的基本动作。所谓基本动作可分成"作为一个组织人和职业人所必须具备的基本知识"和"与工作有关的基本事项"。

前者是指职业意识的确立，比如职业理想、职业道德、职业纪律、职业态度、职业素质、职业礼仪以及对同事、前辈、上司的态度等；后者是指有关工作方面的基本认知，如顾客意识、成本意识、效率意识、团队合作意识、成果意识、公司忠诚、岗位职责等。

（2）对资深员工的OJT要点

资深员工也可以说是企业的中坚力量，是在各个部门负责实务操作的核心。以实务经验而言，大致是指进入公司2~3年的员工。

资深员工是班组的实际作业核心，并且也是班组长的辅助者、后进人员的指导者。对于这些员工的OJT，首先要使其清晰自己在工厂的地位，肯定其关键与骨干地位；其次在工作方面的指导，要培养其与所负责职务有关的专业知识以及广博的相关知识。

在指导中坚员工时，必须给予较大的压力，分配较多的工作，让他有锻炼的机会。身为班组长只需在授权后注意其结果的演变，适时给予建议而不要予以干涉。

（3）对中高年龄层员工的OJT要点

对于中高年龄的年长员工确实需要在作法上讲究技巧。对于年长的员工，要承认、赞美其优点，把他们当作前辈，不要对他们另眼相看，并且要扩大其工作内容以增加工作情趣，使他们个个身怀绝技，以己为荣。

2.2.3.3 不同能力的员工OJT的要点

不同水平、能力和态度的员工应采取不同的OJT培训方法，如表2-4所示。

表2-4 不同能力的员工OJT的要点

能力类别的员工	OJT的要点
有能力没有意愿（干劲）的员工	对于这类员工，必须调查其失去干劲（或是提不起劲）的原因，比如是家庭原因？制度原因？薪酬原因？环境原因？沟通原因？并采取适当的对策以调动积极性
没有能力有意愿（干劲）的员工	要分析其能力低下的原因，如果其能力有提高的余地和可能，就要对其进行必要的培训和指导。如果确实无法提高，则应调整工作岗位，让其从事力所能及的工作
没有能力也没有意愿（干劲）的员工	首先要有耐心。先分配较简单的工作，使之得到成功的经验，进而对工作产生兴趣。一旦对工作产生兴趣后，再灌输工作上所必要的知识和技巧，并使其了解上司对他们的期待。经过努力之后仍不见起色的要予以淘汰
有能力又有意愿（干劲）的员工	对于这种员工要注意避免阻碍其干劲的发挥，充分授权，设定超过其能力的目标，让本人也参与目标的设定，对于其微小的错误要表示宽容的态度
缺乏责任感、协调性、挑战意愿、敏感性的部属	对于这类员工的指导，有以下几个要点。 （1）要让员工了解，为什么这种特质或态度（指责任感、协调性、挑战意愿及敏感性）在工作场所中如此受到重视？要具备这种特质，平常要怎么努力才可能达成？为什么要成为一个标准的职业人或社会人，需要拥有这些资质？

续表

能力类别的员工	OJT的要点
缺乏责任感、协调性、挑战意愿、敏感性的部属	（2）向员工提出具体的说明，到底欠缺责任感的工作是指什么样的工作？责任感强的工作又是什么样子的？这种说明的方式可以很快地让员工体会到什么是责任感。 （3）在进行日常指导时，班组长要率先示范

2.2.3.4 日常培训的五个重点

班组长在日常培训员工的过程中，可以把握五个重点，即"5E"。

（1）Explanation（讲解）

即详细描述如何做好这项工作。首先，概述整个过程；然后描述过程的每一个步骤，每一次讲解一个步骤，把这些步骤写成指导说明是很有帮助的；最后，当你再一次讲解这些步骤时，演示如何完成该项任务。

培训对听讲者而言是他们接受新知识的重要方式，也是解答他们平日所累积的问题的好时机，因此，除了扩充他们新的知识领域以外，还要准备为他们解答问题。

（2）Experience（经验）

即充分学习辅导者以往的经验，从而全身心投入这项工作。

与他分享你的经验也相当重要，不要担心员工会因此而取代你。因为员工水平高了，工作干好了，也是培训的"功劳"。

（3）Exercise（练习）

"任何理论都不及实践来得重要！"指导的目的是让员工更好地做事，而不是替他们做事。因此应给员工更多的机会练习，并在旁进行观察、指导。让员工通过练习，得到自我启发，发挥个人潜力，找出更好的办法。

（4）Expression（发表意见）

提供不断的反馈来承认和奖励取得的进步，来帮助员工评估进展和吸取经验教训。明确地指出错误是非常重要的，它能改善培训的绩效。但是指正时的态度很重要，一定要以诚恳且对事不对人的态度进行。

（5）Esteem（尊重）

友善与尊重是很重要的。做得好的立即鼓励，而对于其不正确的地方要立即纠正。对于其不熟练的部分，应立即给予帮助，避免让对方感到技不如人而丧失信心。

2.2.4 师带徒岗位培训

师带徒是一种既有现场培训又有课堂培训的工作——学习培训方法。

2.2.4.1 确定师傅的条件与徒弟的层次

师傅的条件与徒弟的层次要求如图2-2所示。

师傅应同时满足以下条件。
（1）具有良好的职业道德，熟悉掌握本工种的理论和实际操作知识，技能水平高、技术全面。
（2）岗位业绩突出，解决生产过程中的突发问题，取得较好的效果。
（3）具备指导培训对象的条件和能力。
（4）一般应具备高级工及以上资格

徒弟的层次要求。
（1）第一层次：热爱本职工作，有很强的责任心，谦虚好学、工作勤奋；有较丰富的技能操作实践经验，能综合分析和解决一些生产过程中的难题；具备高级工及以上资格。
（2）第二层次：热爱本职工作，有较强的责任心，有独立顶岗的能力；具备一定的实践操作经验；具备初、中级工资格。
（3）第三层次：新录用人员、转岗人员和其他人员

图2-2 师傅的条件与徒弟的层次要求

2.2.4.2 签订师徒协议

徒弟应与师傅签订培训协议。协议内容主要包括培训目标、协议期限、师傅职责、徒弟职责等。

（1）培训目标

①第一层次：系统掌握本工种专业理论知识，技能操作达到较高水平，能够创造性地工作，解决生产过程中的一些关键难题。

②第二层次：在掌握本工种基础理论知识的同时，以"一专多能"为培训重点，技能操作水平明显提升，能综合分析和解决一些生产难题。

③第三层次：熟悉本岗位基本知识和技能，能独立完成日常操作。

（2）协议期限

一般为1年。

（3）师傅职责

①承担对徒弟的全面培训工作，制订有针对性的培训计划、目标和措施，监督检查徒弟对计划的执行情况。

②耐心、细致地指导徒弟学习，严格训练、严格要求，及时帮助徒弟解决工作学习中遇到的问题，真正把技术本领和自身所长传授给徒弟。

③在传授技艺的同时，要把优良作风和安全生产以及各种规章制度知识等传授给徒弟，培养徒弟认真负责、爱岗敬业、安全生产、遵纪守法的思想作风和刻苦钻研、知难而进的学习态度。

④定期检查徒弟的工作、学习情况，协助做好对徒弟的考核评价。

⑤认真遵守相关规定，履行相关职责，按要求完成培训任务，实现培训目标。

⑥及时总结徒弟的进步和不足，每季度向车间提交一份反映徒弟各方面表现的工作小结，协议期满后提交一份年度培训总结。

（4）徒弟职责

①按照制定的培训目标努力学习，有计划、有步骤、有措施地圆满完成培训计划。

②尊敬师傅，虚心请教，服从指导，勤问、勤记、勤练。经常向师傅汇报工作、学习和思想情况，每月向车间和师傅提交一份工作小结，协议期满，提交年度培训总结。

③在学习技艺的同时，要学习师傅的优良作风，学习安全生产知识，学习各项规章制度知识。

④认真遵守相关规定，履行相关职责，按要求完成培训任务，实现培训目标。

（5）其他

①培训协议期内，如师傅或徒弟一方工作变动，导致不能继续履行协议的，协议即行终止。

②根据工作需要和个人申请，可变更师徒人选，变更后应重新签订或变更"师带徒"培训协议。

以下提供两份师带徒辅导协议供参考。

> **范本** 一对一师带徒辅导协议

一对一师带徒辅导协议

师傅姓名：
徒弟姓名：

为进一步提高员工队伍整体素质，充分调动员工学技术、学管理、练技能的积极性，以加速培养高素质的管理和技术人才，特在公司内开展"树名师、带高徒"的一对一专题辅导培训。在征得双方意见后，特聘任____部门____为____部门____师傅，双方共同遵守如下约定：

1. 学期为□□□□年□□月□□日至□□□□年□□月□□日。
2. 学期内徒弟必须积极配合和促进师傅的工作与辅导安排，并有义务向师傅进行反馈，以达成学习的目的。
3. 师傅在学期内有义务和责任对徒弟的工作实践能力和专业知识发展提供系统的辅导和培训，并对徒弟的知识、态度和能力进行评价和反馈。
4. 本协议经双方签字后生效，有效期为□□□□年□□月□□日至□□□□年□□月□□日。
5. 本协议一式三份，徒弟、师傅和人力资源部各一份。

师傅签字：　　　　　　　　　徒弟签字：
日期：　　　　　　　　　　　日期：

> **范本** "师带徒"培训协议书

"师带徒"培训协议书

经本人申请，公司审定，_____（师傅）与_____（徒弟）建立师徒关系，签订本协议，明确双方权利和职责，共同遵守。

一、培训层次：
经审定，确定_____为"师带徒"活动第____层次培训对象。

二、培训协议期限：
培训时间自____年__月__日至____年__月__日。
三、培训目标：
_____
_____
_____
_____

四、_____（师傅）和_____（徒弟）均已认真学习了《"师带徒"管理办法》和《"师带徒"工作考核评价办法》，明确了各自的权利和职责，愿意接受车间和公司的监督和考核。

五、培训协议期内，如师傅或徒弟一方工作变动或工作性质发生变化，导致不能继续履行培训协议的，本协议即行终止。

六、师傅和徒弟需约定的其他事项：
_____
_____
_____
_____

七、本协议一式两份，车间和人力资源部各一份。
八、本协议自签订之日起生效。

徒弟（签字）：　　　　　　　　师傅（签字）：
____年__月__日　　　　　　　　____年__月__日
车间（盖章）　　　　　　　　　人力资源部（盖章）
____年__月__日　　　　　　　　____年__月__日

2.2.4.3 辅导计划

培训是一项长期的系统工作，有计划地制订辅导培训计划，才能保证教导和学习的效果。所以应要求师傅根据所带徒弟的具体情况，设定辅导期内的培训计划，如表2-5所示，并交给企业人力资源部会签备案。

表2-5　师带徒培训辅导计划

时间	辅导内容	辅导目的	辅导方式	评估方式与标准

人力资源部会签：

2.2.4.4　师傅辅导

辅导过程是师带徒专项培训项目中的重点部分，辅导过程中的跟踪和反馈也是保证辅导效果的有力手段，所以要求各位师傅注意培训辅导时数，通常12个月辅导期培训辅导时数不少于96学时，6个月辅导期培训辅导时数不少于48学时；另外，培训辅导内容必须具体，有据可依，比如说辅导的素材、资料等需要备查，并填写以下记录表（见表2-6），每次辅导之后徒弟需在此表上签字。

表2-6　培训辅导记录表

序号	培训辅导内容	时间	地点	学时	徒弟	人力资源部
合计						

说明：本表在每次辅导结束后填写，并由徒弟签字确认；每月月初交人力资源部核查一次；学期内总学时数不得少于48~96学时。

2.2.4.5　培训结束后的评估

辅导期结束前，师傅要对徒弟的辅导、培训效果做一次全面的回顾和评价，填写辅导总结报告（见表2-7），以不断改进自己的辅导能力。

表2-7　师傅一对一辅导总结报告

师傅姓名　　　　　　　　　部门　　　　　　　　　职位

徒弟姓名　　　　　　　　　辅导期

师傅于学期内辅导工作总结

说明：本表由师傅于学期结束一周内填写完毕交人力资源部。

另外，还要求师傅对徒弟在辅导过程中的表现进行总结评价，填写以下评价表中的师傅评价部分（见表2-8），师傅的意见直接影响徒弟的最终学习得分，请客观评价，并提出有建设性的发展建议。

表2-8　一对一师带徒专题培训考核表

徒弟姓名　　　　　　　毕业院校　　　　　　　　所在部门

所在岗位　　　　　　　师傅姓名　　　　　　　　学习期

考核栏

项目	内容	权重	评价／得分					评估人
			5	4	3	2	1	
学习评估15%	学习绩效	5						
	学习态度	5						（师傅）
	学习能力	5						
综合评估25%	（描述学期内总体表现）	25						（部门经理）

续表

项目	内容	权重	评价／得分					评估人
			5	4	3	2	1	
考试成绩40%	学期末考试（主要技术工种作业类课程的期末考试，应采用实践操作考试的形式）	40						（师傅）
学习总结报告20%	一对一专题培训学习总结报告	20						（人力资源部）
	合计	100						（人力资源部）

评估意见与任用、发展建议（师傅填写）

部门主管签字／日期：　　　　　　　　人力资源部存查／日期：

说明：本表为师带徒一对一培训考核表，其中学习评估占15%权重，部门经理评估占25%权重，评估采用5分制打分，5分为优秀，4分为良好，3分为合格，2分为待改进，1分为差。

2.2.4.6　对徒弟的管理

（1）要求徒弟虚心学习和接受知识外，在每一次培训辅导完成后，都需要在师傅的"培训辅导记录表"上签字确认，并在表2-9中做好记录，对每一次培训辅导发表自己的看法（学习心得）。

表2-9　培训辅导记录表

时间	学时	地点
培训辅导内容		辅导方式
学习心得		

人力资源部：

（2）为了让徒弟充分参与教学过程，反馈学习效果，应要求徒弟每月5日前对上月的培训辅导情况进行总结，阐述上月学习过程、学习收获、行动计划以及对教学的建议等内容，填写表2-10。

表2-10　一对一师带徒专题培训月学习报告

学习过程／内容描述：

学习收获：

下一步行动计划（运用学习收获）：

对教学的建议：

说明：本表于每月5日前填写后交人力资源部会签核查。

（3）辅导期快结束时要求徒弟进行总结，在辅导期结束后一周内撰写学习总结报告，对整个辅导期间的学习情况和成果进行总结（见表2-11）。要告诉员工，这个总结直接影响他的学习总成绩，务必用心、真实准备。

表2-11　一对一师带徒专题培训总结报告

徒弟姓名		毕业院校		所在部门	
所在岗位		师傅姓名		学习期	

学习总结：

签字／日期：

说明：本表于学期结束后一周内填写完毕交人力资源部。

（4）在学习结束后，由师傅准备一些考试题目，对徒弟进行考试，看其在这个辅导过程中究竟学会了哪些知识和技能，是否真正掌握了师傅的"看家本领"。

Chapter 3

班组生产管理

3.1 生产作业管理

3.1.1 生产流水线的控制

流水线就是通过某种形式将多个各自独立的个体,有机地联系在一起,使其彼此关联并互相制约,统一频率和速度,达到高效匀速生产的作业流程。流水线的特点如表3-1所示。

表3-1 流水线的特点表

序号	特点	具体解析
1	作业分工程度高,工序衔接紧密	每个人只做几道工序,加起来就生产出一件产品;但前一道工序若作业缺漏或者效果欠佳的话,都会影响后道工序的顺利进行
2	生产要素有序配置且高度集中	一条生产线如何布局、每个人要完成哪几道工序、用多少材料、什么时候送到等问题,都需事先周密布置,不能缺漏其中任何一环,否则生产就无法进行
3	生产要素呈节拍性流动	每一道工序的加工时间是多少、隔多长时间投入材料、每一个动作需要多少时间、手工作业、机器作业、材料搬运等都要遵循该节拍。太快不行,太慢也不行。各生产要素的动作时间要么相等,要么呈整倍数关系
4	不良品成批发生,品质确保难度大	由于生产的不间断性,不良品很少在第一次发生时就被发现并得到有效处理,往往要到一定数量才引起重视
5	生产能力大,交货期容易确定	由于生产要素高度集中,而且是按一定节拍动作的,所以每一件产品的产出时间,每一个生产计划的完成时间都能准确地计算出来

3.1.1.1 抓住流水线管理的重点

(1)IN(投入)、OUT(产出)

根据标准时间(生产1个需要多长时间),就可以算出来1小时能够生产多少个。

(2)跟点作业

在能力所及、速度可达的范围内,在指定的时间里,完成一个组装动作,将完成品放入流水线上划定的间隔点(线)上。为了使作业能够很好地跟上点,就必须要求每一个员工全身心投入到工作中去，不可开小差，更不能一边工作一边做其他与工作无关的事情。

流水线作业，能提高生产效率。

3.1.1.2 把握流水线的管理要领

流水线的管理要领如表3-2所示。

表3-2 流水线的管理要领

序号	要领	说明
1	线点颜色要鲜艳	流水线线点颜色要鲜艳，与输送带底色完全不同，且粘贴牢固，当有两套以上线点（混流）时，识别颜色必须不同
2	输送带行进速度要稳定	输送带行进速度（节拍）必须经常验证，以保持稳定
3	特别留意连接过渡处、转弯处	前后两条输送带的连接过渡处、转弯处，要注意能否顺利流动
4	摆放人性化	前工序跟点投入时，作业对象的摆放方向要尽量为后工序的拿取方便着想
5	输送带上不得搭建各种托架	如果不得已需要将一些小型设备摆放在流水线上的话，应该用统一式样的台架支撑起来，以达到美观的效果
6	流水线的开动、停止	流水线正常班次的开动、停止，由靠近电源控制开关的作业人员代为实施即可。因生产要素不良而导致停止时，其命令要由相应的管理人员下达，作业人员不得擅自停止。如遇生命财产将要遭受重大损失时，作业人员可以紧急开动或停止流水线

续表

序号	要领	说明
7	流水线平衡效率	在正常情况下，不熟练的顶位对工时平衡破坏最大，常常出现堆积、跳空，因此一定要小心安排好
8	堆积识别	由于设备、材料、作业方法而引发的不良，造成中途工序出现大量堆积时，首先要将堆积的作业对象离线存放好，并做好识别管理
9	输送带要随时保持整洁	可在前后两头，设置半湿润清洁拖布或黏物辊筒，清除输送带上的脏物
10	取放方法要明确并加以培训	（1）一般而言是"左进右出"或"右进左出"，这样取放双手便可同步进行。若左侧对流水线，则左手取放作业对象兼投料，右手操作设备、仪器较好。 （2）若右侧对着流水线，则右手取放作业对象兼操作设备、仪器，左手投料。 （3）对取放的方法和时机，在作业人员上岗培训时加以说明，并使其严格遵守
11	线点数量控制	（1）线点不是越多越好，点数设定越多，在线库存越多，但前后两个工序之间的点数不少于两点。 （2）生产结束时，必须将流水线上的产品遮盖防尘，或收回工序内暂时存放，次日才重新摆放到流水线上。 （3）对人手台面传递的流水线作业，要控制好第一个工序的投入数量，整条生产线的产出才有保障

输送带式的流水线，要注意好输送带的整洁和速度。

3.1.1.3 流水线作业的常见问题

流水线作业管理常见问题有四个方面,如图3-1所示。

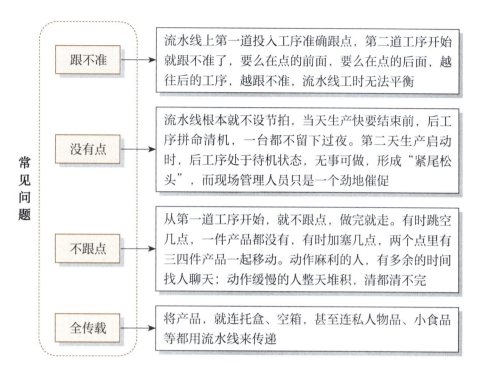

图3-1 流水线作业常见四大问题

以上这些问题不但没有发挥流水线的优点,相反还会直接导致作业品质下降。

3.1.2 捕捉、活用生产信息

生产信息就是符合生产的妥当计划、实施,进一步进行生产改善所需的信息。也就是常说的"5W1H",即做什么、到什么时候止、谁做多少、在何处做、为什么做、怎样做。

3.1.2.1 生产信息的分类

(1)生产计划信息

它是指计划生产所需要的基础性的生产信息。明确QCD(品质、成本、货期)所需要的信息有:订单信息、生产技术信息、生产管理信息、品质信息、成本信息。其具体内容如表3-3所示。

表3-3　生产计划信息表

信息种类	信息内容	备注
订单信息	（1）产品的种类； （2）生产数量价格； （3）货期； （4）出货品的式样； （5）出货地	获得客户订单时的信息。工厂以此信息来安排生产。是所有生产活动的基础信息
生产技术信息	（1）原材料、部品； （2）产品构成； （3）加工图纸； （4）使用设备、模具、治工具	计划生产所需的基础信息。多由设计部门提供
生产管理信息	（1）QC工程表； （2）标准时间； （3）加工费； （4）标准工时； （5）标准日程； （6）工程、设备能力； （7）防止再次发生的对策信息； （8）库存信息	进行生产管理所必需的信息
品质管理信息	（1）品质不良信息； （2）客户投诉信息； （3）设备移动信息	进行品质管理所需的信息
成本信息	（1）成本单位； （2）材料、部品费； （3）使用数量； （4）经费	计算成本所需的信息

（2）生产统制信息

生产统制信息有三个种类。该信息决定时间，尽量使周期时间缩短，以便把握细微的信息，其主要信息如表3-4所示。

表3-4　生产统制信息表

信息种类	信息内容	备注
生产进度信息	（1）综合生产量或生产实绩； （2）不同机械或不同工位的生产实绩； （3）发生工程进度慢及其处置结果	了解进度的信息
品质信息	（1）品质不良项目和详细的内容； （2）品质不良对策的实施信息； （3）同一不良的库存品	表示产品品质是否达到了要求的重要信息
成本信息	（1）实绩工时； （2）使用的材料、部品费	表示如何进行利益管理的信息

（3）生产性信息

生产性信息是评价工厂的生产性、使其上升的指标。具体有以下内容。

$$生产性 = 产出量 \div 投入量$$

$$原料生产性 = 生产量 \div 原材料使用量$$

$$劳动生产性 = 生产量 \div 作业人数$$

$$设备生产性 = 生产量 \div 设备台数$$

$$作业能率 = (计划工时 \div 实绩工时) \times 100\%$$

$$稼动率 = (有效劳动时间 \div 总劳动时间) \times 100\%$$

$$作业度 = (实际生产量 \div 标准生产量) \times 100\%$$

$$出勤率 = (出勤人员数 \div 在籍人员数) \times 100\%$$

$$良品率 = (良品 \div 检查数) \times 100\%$$

$$材料利用率 = (产品数量 \div 材料使用量) \times 100\%$$

3.1.2.2　生产信息活用的方法和要点

（1）管理人员巡视

在作业中来回巡视，观察有无不良品的发生、机械故障、欠品、异材混入等，从而发现异常。

（2）流水线信息的通报

作业者是流水线发生异常的第一发现者。发现时必须通报给管理人员，可采用以下几种方式。

①口头通报。若生产现场不大，可大声地把异常状态通报给管理人员。管理人员马上进行确认，采取停止生产、排除不良品等措施。

②利用警示灯。即在每条流水线、每个作业者旁边都安装1个按键，发生故障时一按，设置在管理人员旁边的警示板上的灯就会亮。

③设置警示装置。分机械设置警示装置，使得在现场任何地方都能看得到。运行中有意外时按键就报警，警示板上的呼叫铃就会报警，听到报警声管理人员就会去现场。

④大型数量表示盘。数字的尺寸约为：纵50毫米、横30毫米。这种表示盘要在现场安装传感器来感知通过的物品并将其以数值的形式表示出来。传感器和表示盘的联结方式有有线和无线两种，也可和电脑联结。看到表示盘上的产量少了10%以上，管理人员就要去现场调查产量减少的原因（如不良品的发生、机械不正常、作业者精神不集中等），采取补救的方法。

专设显示盘，明确生产产量。

将电子看板悬挂，一眼就能明白相应的生产信息。

绿色信号灯亮表明生产的正常进行。

3.1.2.3 活用的要点

（1）要确保生产信息能在转动管理圈时起作用。

(2）要确保生产信息能在预防、事先的管理上起作用。

(3）生产信息应是实时的信息。

(4）可以通过目视管理法来活用信息。

3.1.3　预防并解决生产瓶颈

生产瓶颈实际上是整体生产运作中的一种不平衡现象，它极大地制约了生产能力、生产进度和生产效率，从而影响生产任务的完成。所以必须分辨哪些是生产瓶颈并采取对应措施。

3.1.3.1　生产瓶颈的表现方式

(1）工序方面的表现：A工序日夜加班赶货，而B工序则放假休工。

(2）半成品方面的表现：A工序半成品大量积压，B工序则在等货。

(3）均衡生产方面的表现，如生产不配套。

(4）生产线上的表现：A工序大量滞留，而B工序则流动正常。

3.1.3.2　导致生产瓶颈出现的原因

引发瓶颈出现的因素包括材料、工艺技术、设备等，如表3-5所示。

表3-5　引发瓶颈出现的因素

原因	细节描述
材料供应	个别工序或生产环节所需要的材料若供应不及时，就可能会造成生产停顿，而在该处形成瓶颈
工艺	工艺设计或作业图纸跟不上，从而影响生产作业的正常进度
设备	设备配置不足，设备的正常检修与非正常修理也会影响该工序的正常生产
品质	若个别工序在生产上出现品质问题，会造成生产速度降低、返工、补件等情况，而使得生产进度放慢
时间	有些工序是必须要等待若干时间才能完成的，且不可人为缩短，这类工序也将会出现瓶颈
人员因素	个别工序的人员尤其是熟练工数量不足
突发性事件	因偶然事件或异动而造成瓶颈问题，比如人员调动、安全事故、材料延期、因品质不良而停产整顿等

3.1.3.3 生产进度瓶颈的解决

生产进度瓶颈，是指在整个生产过程之中，或各生产工序中，进度最慢的时刻或工序。它又分为两类，如表3-6所示。

表3-6 生产进度瓶颈的说明

类别	图示	产生的影响
先后工序瓶颈	A工序 / B工序 / C工序（瓶颈）	存在着先后顺序的工序瓶颈，将会严重影响后工序的生产进度
平行工序瓶颈	A工序 / B工序 / C工序（瓶颈）/ D工序 / F工序	如果瓶颈工序与其他工序在产品生产过程中的地位是平行的，那么，瓶颈问题将会影响产品配套

针对进度瓶颈，主要按以下步骤解决。

①寻找进度瓶颈所处的位置点。

②分析研究该瓶颈对整体进度的影响及作用。

③确定该瓶颈对进度的影响程度。

④找出产生瓶颈的因素并进行具体分析。

⑤确定解决的时间，明确责任人，解决研究的具体办法。

⑥实施解决办法，并在生产过程中进行跟踪。

⑦改进后对整体生产线再进行评估。

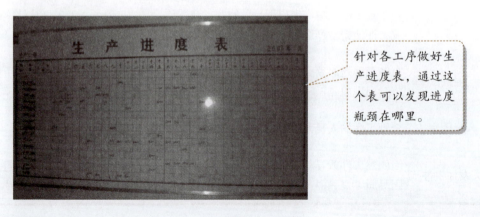

针对各工序做好生产进度表，通过这个表可以发现进度瓶颈在哪里。

3.1.3.4 材料供应瓶颈的解决

材料供应不及时，会造成瓶颈或影响产品某一零部件的生产，甚至影响产品最后的安装与配套；也可能影响产品的总体进度，这主要看瓶颈材料在全部材料中所处的地位。由于材料的供应工作存在着一定的周期性和时间性，因此必须及早发现，及早预防并及早解决。具体步骤为如下所述。

①寻找造成瓶颈问题的材料。

②分析研究其影响及程序。

③对材料进行归类分析。

④与供应商就该材料进行沟通协调，并努力寻找新的供应商，从而建立可靠的供应网络。

⑤可进行替代品研究，或要求客户提供相关材料。

大量不良品的产生是影响生产质量和效率的重要因素。

各种生产用的物料要及时供应派发。

3.1.3.5 技术人员瓶颈的解决

技术人员的短缺会影响生产进度，特别是特殊人才或者是技术人员、重要的设备操作员，一时缺失又难以补充，因此这一瓶颈也常常成为困扰生产进度的重要问题。

在生产空间允许的情况下，特别是实行计件工资的企业，应注意人员的充分配置，加强人员定编管理，确保各工序的生产能力，防止瓶颈的出现。具体方法如下所述。

①找到人员或技术力量不足的工序或部门。

②分析这种情况所造成的影响。

③进行人员定编研究。

④确定人员的定编数量、结构组成。
⑤进行技术人员的培训。
⑥积极招聘人员，及时补充人员缺失。
⑦平日应积极进行人员储备。

3.1.3.6 工艺技术与产品品质问题瓶颈

此类瓶颈主要体现在新产品的开发生产。因为新产品的生产往往需要新的工艺技术与质量，要做好其生产，就必须做到以下几点。

①找到工艺技术瓶颈的关键部位。
②研究讨论寻找解决方案。
③进行方案实验或批量试制。
④对于成功的工艺技术方案，建立工艺规范。
⑤制定品质检验标准和操作指导说明书。
⑥进行后期监督。

3.1.4 使用作业标准文件

作业标准文件是指导员工作业的规范性文件，有利于在现场作业中降低不良率和提高产品品质。

作业标准文件的种类如表3-7所示。

表3-7 作业标准文件的种类

种类	说明
工艺流程图	显示工艺步骤的流程图只是作业标准文件的一种，工艺流程图作为制作QC工程表时的基础资料使用。个别接单生产的工厂只用工艺流程图作为标准书向作业者进行说明、指导
图纸、部品表	图纸、部品表在进行部品加工和组装作业时，作为基准资料使用
作业标准书	写明作业者进行的作业内容，起传达作业内容的指导作用
QC工程表	QC工程表内写有生产现场的工艺步骤及其作业内容。在保证品质、技术和对生产现场的指导、监督上发挥作用。另外，在不良品发生和劳动灾害发生时，可据此探明原因以及建立对策方案

续表

种类	说明
工厂规格	对生产有关的各种规格作出规定，是进行各种作业时的基准资料。以下为工厂规格的种类：图纸规格、制图规格、设计规格、产品规格、材料规格、部品规格、制造作业的标准、工程规格、治工具规格、设备规格、检查规格、机器检查工具规格、包装规格、一般规格

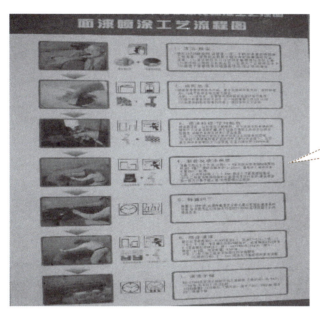

制作工艺流程图并张贴，是一种简单的作业文件。

出货检查作业基准书，将文字与图片结合使用，很直观方便。

3.1.5 填写作业日报

作业日报是由作业者在现场把当天所做的事写下来的东西，不是之后想出来才写的东西，而且其中需要本人写的东西不可由他人代写。

3.1.5.1 让员工明白作业日报的作用和目的

（1）作业日报将使用到货期管理、品质管理、成本计算等各种事务中。

（2）关于品质、货期、成本等管理有问题时，可成为原因追踪方面的资料。

（3）工作现场的监督者能据此把握现场的实际情况。

3.1.5.2 设计好作业日报

为写好作业日报，必须先设计作业日报（见表3-8），其设计方法如下所述。

（1）设计必须有的栏目，但尽可能少。

（2）项目的顺序要注重联想的顺序。

（3）极力减少文字和数字，以检查符号和线来记入就可以了。

（4）用纸的大小定为A5或A6，不要过大，也不要过小。

表3-8　作业日报表

姓名	部门	日期
生产批号	产品名称	产品规格
生产数量	良品数量	作业时间
加班时间	加班作业内容	加班原因
一天总结		

3.1.5.3 作业日报的使用

（1）就作业日报事宜说明基本要项，让人认识到它是管理上的重要资料。

（2）有部门名、作业者名、产品名、批号等初期记录栏，可印成表格后再发给作业者（极力减少作业者的记入事项）。

（3）对于生产数量、加工时间等只有作业者才知道的事，一定要由作业者来记入。

（4）写了后，要教导作业者养成自己再度确认的习惯。

（5）生产班组长要认真阅读收到的作业日报，并指出异常点再让作业者自己来纠正。因为负责人不予以纠正的话，作业者本人不知道，以后还会犯同样的错误。

（6）生产班组长就异常点掌握倾向，并根据其倾向重点（谁犯什么样的错误多，该如何纠正等）进行指导。

3.1.5.4 消除作业日报存在的问题

作业日报对工厂而言是重要的资料,但很多管理者都对此漠不关心,连为正确地书写而进行的指导也未实施。在生产现场中的各作业日报存在以下问题。

(1)记录事项过多,不能在规定的时间内写完。

(2)由于想起的事项和判断事项过多,在写的过程中觉得很麻烦,所以随随便便应付着写一点就算了。

(3)即使写了弄错的事情,也抱着与己无关的态度来对待。

(4)自己不愿写而由别人代写。

(5)没有被指导过作业日报的书写方法就自己随便写。

(6)收集作业日报的负责人在没有好好地确认内容之前就将日报放在抽屉里。

班组长一定要致力于消除这些问题。

3.1.6 控制生产线存品

生产线存品是指各种各样停留在生产部门以及生产线上的制品,它们大致可分为以下几大类:部品、半成品、良品、不良品。

3.1.6.1 部品的管理

部品是直接构成成品的最基本组成部分,但是与零件不同的是它不一定是零件,也可以是半成品或向其他公司外购的成品,部品的管理区分如表3-9所示。

表3-9 部品的管理区分

区分	管理部门	管理方法	管理形式	备考
购入部品	仓库	出入库台账	每日	使用状况报告
出库部品	制造	部品管理表	每日	控制出库量

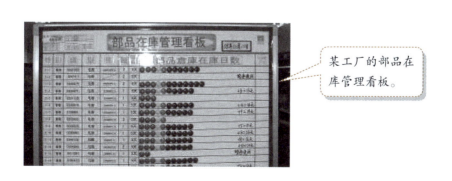

某工厂的部品在库管理看板。

3.1.6.2　半成品的管理

半成品又称工程内滞留品。在生产制造过程中前一工序的完成品就是下一工序的半成品。半成品又分以下两种。

（1）同一生产线上半成品管理。

如果是在同一条生产线上，工序间的数量准确性，就要高于其他由于加工方式不同而需要分部门进行加工的半成品。因此，在同一条生产线上部品、半成品的遗失情况较少，也容易管理。

（2）不同部门加工出来的半成品管理。

不同部门加工出来的半成品，由于加工时间长，放置地点不同，经常会出现生产报表（统计资料）和实际的半成品数量不相符的情况。因此，对部门间的半成品要准确记数、专人管理、定点存放（明确标示），而且要特别注意半成品的数量，不宜过多，只生产后工序需要的数量即可，左右配对产品更要特别注意，加强管理以避免左右产品数量相差太大。

设置半成品专门存放区域，便于管理。

划分区域，对不同型号的半成品分别存放。

3.1.6.3　良品的管理

良品一般来说都比较好管理，但是生产现场常犯一个错误即"超量生产"，当客户订单终止时，超量生产的部分将变成垃圾。因此，应依据订单要求数量进行生产。

3.1.6.4　不良品的管理

对那些判别为不良品的制品一定要标示清楚其不良内容、数量，不良处要用红色箭头纸（红色油性笔）标示清楚，并要用红色专用容器摆放在指定的地方待确认处理，切不可将不良品中途放置在车间的其他地方而转做其他事情。

不合格品专门放在不合格区。

将产品的状态标注出来,就不会误导人。

3.2 交货期管理

交货期是与客户约定的交付产品的期限。在现场管理中,必须从生产计划、作业控制、交货期保证等方面着手,保证能按期、按量地交货。

3.2.1 了解生产计划

计划是指预先决定要做什么、如何做、何时做、由谁做以及目标是什么等。生产计划是指班组长接受的生产任务与指令。

3.2.1.1 月生产计划

月计划的目的是做好生产前准备工作,如有问题,必须事先向上通报。

当班组长接到最新的月生产计划时,首先要仔细确认与自己相关的内容,如有疑虑,用荧光笔标示问题点后,迅速向上级报告。比如:确认计划期内有无新产品,老产品的生产量有无变化，同类型的生产班组有哪些，整个计划是否有错误之处，执行计划的责任是否明确。

如没有任何问题，签名后张贴于班组的白板上，向大家公布执行。另外，识别计划中的生产要求，着手准备"4M1E"因素所关联的需求事项。如果计划生产的产品全部都是老产品时，发行日期允许提前一个月，但如果有新产品或试产品时，则必须提前两个月。

3.2.1.2 周生产计划

每周工作计划主要反映的是班组在一周内包括正常生产任务等在内的其他所有重要事项，既有上周未完成的事项，也有本周要处理的问题。该计划的目的是督促本班组的活动，以便做到按部就班地工作。

周生产计划实际上是月生产计划中最近一周得到确定的部分，它是生管部根据生产信息变化和相关部门实际准备情况制定的现场用来安排生产的计划。它除了具有准备性，更具有执行性。

（1）周生产计划的要求

①与生产相关的工程、品质、技术、工艺等文件资料得到落实。

②生产人员已全部到位，并接受了必要的相关培训。

③顾客的订单被再次确认，供应商的材料也有了着落。

④库存与出货情况基本明了，再生产时不会造成积压。

⑤计划表覆盖了两周的内容，但定性的只是第一周，第二周只是参考。

⑥在计划发行的当天如果接收者没有提出反馈意见，将被认为接受。

周工作计划一定要把上周遗留事项与本周待处理事项的具体工作罗列出来，并注明责任人、完成日期及完成状况。

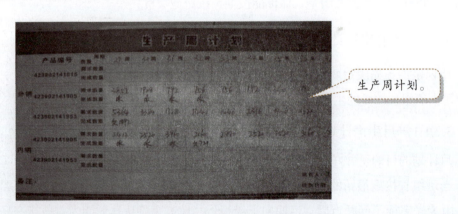

生产周计划。

（2）周生产计划准备

由于周生产计划的管理期限比较短，所以，对于班组来说周生产计划比月生产计划更实用。班组长在做周计划时需要做好以下准备工作。

①确认无误后分发给各生产小组长，让他们安排工作。

②主要是消除各种变异因素对计划可能产生的影响，如材料不到位、场地筹划欠妥、技术指标变更、工艺更改、机器维修、添置工具和治具等。

③进一步落实计划项目的执行性，非特殊情形许可，各种准备事项原则上应提前一天全部完成。

④着手准备日生产计划实施方案，向车间主任报告。

周生产计划的格式一般与月生产计划相类似，只是覆盖的生产进程只有两周而已。该计划应在上周周三前制成，并在得到生产协调会议商讨后发行给各相关部门执行。发行后的周生产计划一般不予变更，但在有生产事故、重要顾客的紧急订单等特殊原因时除外。虽然周生产计划可以沿用月生产计划的格式，但是，有些行业为了突出管理要点，必要时也可以由生管部门另行设计。

3.2.1.3　日生产计划

日生产计划是生产现场唯一需要绝对执行的一种计划，它是生产现场各制造部门以周生产计划为依据给各班组做出的每日工作安排。制定的责任者是车间主任，制定方式是在生产例会上以口头形式核准周计划中的内容，然后，再由班组长按规定格式写在各自班组的看板上。班组长在执行时应按以下要求处理。

（1）计划内容是铁定的，容不得半点疑问，如完不成要承担责任。

（2）如果不能按时段完成计划的数量时，则通常需要立即采取措施，如申请人员支援、提高速度、加班等。

（3）如超额完成数量，需提前向上级报告。

（4）计划中分时段规定了生产数量，以便于及时跟踪。

（5）该计划是班组长制定生产日报的依据。

3.2.2　协调生产计划

协调生产计划就是与其他部门就生产计划进行沟通。因为计划再周密也会有疏漏的地方，再加上生产中有许多变化因素，如果不及时进行协调，妥善处理，会影响正常的交货期。

3.2.2.1　协调月生产计划与月出货计划

由于物料、人力、机器等各种原因，月出货计划与月生产计划往往不可能完全一致。为确保生产的按时进行，并符合客户的要求，二者应从以下几方面进行协调。

（1）出哪些订单：当订单数量超过生产能力时，根据轻重缓急协调先出哪些订单。

（2）出哪些客户的订货：哪些是重点客户，哪些是一般客户，哪些客户可以协调。

（3）出哪些产品：选择出哪些产品最有利。

（4）产品的数量：产品数量出多少有利于生产的安排。

（5）总数量是多少。

（6）根据以往的情况，保留适当的时间余地，以利于紧急加单使用。

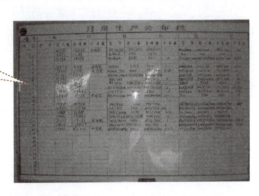

月度生产计划能否满足出货计划可以透过此类看板来了解。

3.2.2.2　协调月出货计划与周生产计划

周生产计划是生产的具体执行计划，其准确性应非常高，否则，无充裕的时间进行修正和调整。周生产计划应在月生产计划和周出货计划基础上进行充分协调，应考虑以下因素。

（1）人力负荷是否可以充分支持，不能的话，加班、倒班是否可以解决。

（2）机器设备是否准备好，其产能是否能达到预定产能，若人力或机器无法达到，发外包是否可以解决。

（3）物料是否已到位，未到位是否有把握在规定的时间到位。

（4）工艺流程是否有问题，如有问题能否在规定时间内解决。

某车间的生产周计划与进度看板。

3.2.3 处理紧急订单

紧急订单是指未安排在本次生产期间制造，却由于某些原因却必须优先交货的订单。

在计划的实际执行中，经常会接到各种计划外的生产订单。由于急单出货时间未定、期限紧，在生产安排时必须要认真处理。

遇有各种紧急订单时，要配合上司全力安排完成，具体可从以下几个方面进行。

（1）分清订单的紧急程度，并视具体的客户类型进行安排。

（2）可与原有的计划订单进行协调，将不急的订单往后安排，重点安排急单的生产。

（3）安排加班、轮班，在按计划生产的同时，加紧急单的生产。

（4）指派专人对急单的生产进行跟踪，随时掌握具体的生产进度。

3.2.4 处理计划延误

计划延误是指不能按照原定的生产计划，在交货期之前把产品生产出来交给客户。

由于出现急单、物料供应落后、机器故障等情形，经常导致现场的计划出现延误。计划如果有延误的预兆，交货期就会受到影响。所以必须掌握现场的具体生产情形，并及时补救。

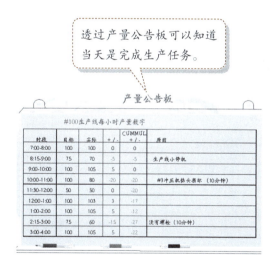

3.2.4.1 查看延误

班组长必须随时对生产线进行巡查，及时发现各种导致计划延误的情形。可以查看各班组的生产任务看板，从具体的数据进行分析。也可以对现场的设备、物料供应、作业形式等进行仔细检查，以确定是否有出现延误的征兆。

3.2.4.2 公布延误

每天的工作结束后，现场主管要总结当天的生产数量，对出现的延误记录下来，并公布在现场的看板上，并注明延误的原因。在次日的早会上告知每一个作业人员，并将解决措施进行说明。

3.2.4.3 采取补救措施

针对生产计划的延误情形,通常在查明原因后,除了设备检修、及时供料外,对数量的延误要制订具体的补救计划,一般通过加班的方法进行。

在安排加班时,尽量不要将所有的任务累积起来而集中到某一休息日(星期天)进行,最好将任务平均安排在工作时间内,可以每天安排加1~2小时的班。

以生产数量延误100件为例,应制作表3-10所示的补救计划表。

表3-10 补救计划表

品名	日期	22	23	24	25	26	27	28	29	30	备注
××电子零器件	日生产计划	800	800	800	800	星期日	800	800			
	补救	20	20	20	20		20				
	日实累计	816	818	820	822		816	808			
	差异累计	−4	−6	−6	−4		−8	0			

3.2.5 处理生产异常

生产异常在生产作业活动中是比较常见的,作为现场管理人员应及时掌握异常状况,适当适时采取相应对策,以确保生产任务的完成,满足客户交货期的要求。

3.2.5.1 了解生产异常

生产异常的出现具有很大偶然性。在生产现场,由于计划的变更、设备的异常、物料供应不及时(断料)等原因会产生异常。现场管理者可采取以下方法掌握现场的异常情形。

(1)设置异常管理看板,并随时查看看板。

(2)通过"生产进度跟踪表"将生产实绩与计划产量对比以了解异常。

(3)设定异常标准,通过现场巡查发现的问题点来判断是否异常。

3.2.5.2 处理生产异常

在发现现场的生产异常情形后,要第一时间将其排除,并将处理结果向生产主管反映。具体的异常排除措施如表3-11所示。

表3-11 生产异常状况排除

序号	异常情形	排除说明
1	生产计划异常	(1)根据计划调整,做出迅速合理的工作安排,保证生产效率,使总产量保持不变; (2)安排因计划调整而余留的成品、半成品、原物料的盘点、入库、清退等处理工作; (3)安排因计划调整而闲置的人员做前加工或原产品生产等工作; (4)安排人员以最快速度做计划更换的物料、设备等准备工作
2	物料异常	(1)物料即将告缺前30分钟,用警示灯、电话或书面形式将物料信息反馈给相关部门; (2)物料告缺前10分钟确认物料何时可以续上; (3)如物料属短暂断料,可安排闲置人员做前加工、整理整顿或其他零星工作; (4)如物料断料时间较长,要考虑将计划变更,安排生产其他产品
3	设备异常	(1)发生设备异常时,立即通知技术人员协助排除; (2)安排闲置人员做整理整顿或前加工工作; (3)如设备故障不易排除,需较长时间,应安排做其他的相关工作
4	制程品质异常	(1)异常发生时,迅速用警示灯、电话或其他方式通知品管部及相关部门; (2)协助品管部、责任部门一起研讨对策; (3)配合临时对策的实施,以确保生产任务的达成; (4)对策实施前,可安排闲置人员做前加工或整理、整顿工作; (5)异常确认暂时无法排除时,应向上司反映,并考虑变更计划
5	设计工艺异常	(1)迅速通知工程技术人员前来解决; (2)短时间难以解决的,向上司反映,并考虑变更计划
6	水电异常	(1)迅速采取降低损失的措施; (2)迅速通知行政后勤人员加以处理; (3)人员可作其他工作安排

3.2.6 控制生产进度

生产是按照工序一个一个进行的,每个工序都需要一定的生产周期来完成。生产进度就是生产任务完成的程度。生产进度落后会直接影响交货期,所以现场必须对生产进度进行跟踪控制,以便把握准确的交货期。

3.2.6.1 进度控制方法

为了掌握具体的生产进度,可通过图3-2的方法进行。

图3-2 进度控制方法

(1)设置进度看板

即在生产现场显眼的地方设置一个"生产进度看板",把预定目标及实际的生产数据,在第一时间同步反映出来。通过查看该看板能及时把握具体的进度。

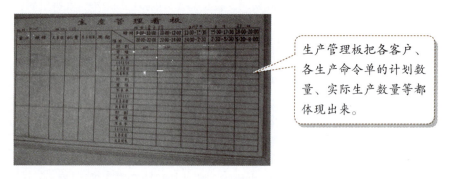

> 生产管理板把各客户、各生产命令单的计划数量、实际生产数量等都体现出来。

(2)查看各种报表

在跟踪的过程中,要及时查看现场以及相关人员递交的各种相关表格,如生产量日统计表、作业日报表等。

(3)使用进度管理箱

为了掌握整体的生产进度,可以考虑使用进度管理箱(如图3-3所示)。具体实施时,可以设计一个有60个小格的敞口箱子,每一个小格代表一个日期。每行的左边三格放生产指令单,右边三格放领料单(比如,某月1日的指令单放在左边1所指的格子里,则领料单放在右边1所指的格子里)。这样放置之后,抬头一看,如果有过期没有处理的,就说明进度落后了,要采取相关措施。

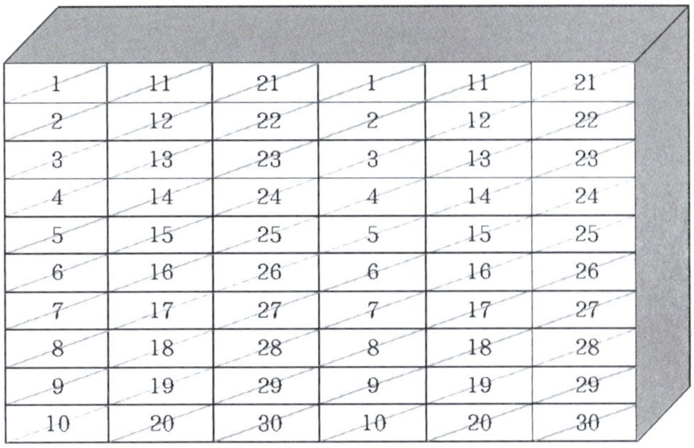

图3-3　进度管理箱

3.2.6.2　处理落后的进度

在生产过程中，赶不上生产计划是很正常的。所以在出现生产进度落后时，要积极采取相关措施。

（1）调整班次，安排人员加班、轮班。

（2）外包生产。对于不急的订单可以外包给其他厂家，集中精力主攻重要、紧急的订单。

3.2.7　缩短交货期

交货期是指卖方将货物装上运往目的地（港）的运输工具或交付承运人的日期。

为了尽量满足交货期，可以采取表3-12中的方法，缩短交货期，以便协调不同订单的生产。

表3-12　交货期的缩短方法

序号	方法	具体说明
1	调整生产顺序	将特定、紧急的订单优先安排进行生产，但这种优先要事前取得销售部门的认可
2	分批生产、同时生产	同一订单的生产数量分成几批进行生产，首次的批量少点，以便尽快生产出来，这部分就能缩短交货期，或用几条流水线同时进行生产来达到缩短交货期的目的
3	缩短工程时间	缩短安排工作的时间，排除工程上浪费时间的因素或在技术上下功夫，加快加工速度以缩短工程时间

> 按规定的日期将货物装车发走,才算满足交货期。

3.2.8 处理交货期变更

交货期变更是指由于各种原因推迟交货或者提前交货,交货期变更自然会影响到生产计划的调整。

如果订单客户由于特殊原因要更改交货期,现场主管要及时与人员进行沟通,并及时地调整生产计划,尽量保证交货期。

3.2.8.1 调整进度

根据客户的交货期,调整生产的进度,具体应发出"进度修订通知单"(如表3-13所示),调整生产计划。

表3-13 进度修订通知单

收受:			日期: 年 月 日			编号:
订单号	品名	类别	投料/日期	完工/日期	数量	修订日期
		原进度				
		修订进度				
		原进度				
		修订进度				
		原进度				
		修订进度				
生产主管:				承办:		

3.2.8.2　安排生产

如果交货期提前，要耐心向现场人员说明，并安排加班，对于不急、不重要的订单实施外包。如果交货期延后，则可以调整生产计划，将其他订单优先生产，但必须保证调整后的订单能按期交货。

3.2.9　处理交货期延误

交货期延误是指因为各种原因不能按期完成生产任务，造成不能如期将交货发给客户。

3.2.9.1　找出延误的原因

交货期延误并非仅仅是生产的原因，采购、品质、物料等方面的其他原因也可能导致产品生产延误，影响交货期。

3.2.9.2　采取补救方法

对已经延误交货期应采取以下的补救方法。

（1）在知道要误期时，先和不急、不重要的订单对换生产日期。

（2）延长作业时间（加班、休息日上班、两班制、三班制）。

> 班组长在安排加班时，应注意以下事项。
> （1）当加班容易导致员工疲惫时，班组长应向领导提出申请，寻求支援。
> （2）加班或制订临时计划仍不能解决问题的，班组长应通报生产管理部门申请修订周生产计划。

（3）分批生产，被分出来的部分就能挽回延误的时间。

（4）同时使用多条流水线生产。

（5）请求销售、后勤等其他部门的支援，这样等于增加了作业时间。

（6）外包给其他工厂生产一部分。

3.3　班组生产质量控制

3.3.1　严格执行"三不原则"

"三不原则"是指"不接受不合格品、不制造不合格品、不流出不合格品"，这是许多企业的品质方针、品质目标或宣传口号。因为"三不原则"是品质保证的原则，所以一定要严格实施。

某企业醒目地张贴在墙上的"三不原则"。

"三不原则"的实施使每一个岗位、每一个员工都建立起"生产出使自己和客户都满意的产品"的信念，一条无形的质量链贯穿于生产的全过程，制约着每个操作者，使流程的各个环节始终处于良好的受控状态，进入有序的良性循环，通过全体员工优良的工作质量，从而保证了产品的质量。三不原则的基本做法如下所述。

3.3.1.1 不接受不合格品

不接受不合格品是指员工在生产加工之前，先对前道工序传递的产品按规定检查其是否合格，一旦发现问题则有权拒绝接受，并及时反馈到前道工序。前道工序人员需要马上停止加工，追查原因，采取措施，使品质问题得以及时发现、及时纠正，并避免不合格品的继续加工所造成的浪费。

3.3.1.2 不制造不合格品

不制造不合格品是指接受前道工序的合格品后，在本岗位加工时严格执行作业规范，确保产品的加工质量。对作业前的检查、确认等准备工作做得充分到位；对作业中的过程状况随时留意，避免或及早发现异常的发生，减少产生不合格品的概率。准备充分并在过程中得到确认是不制造不合格品的关键。只有不产生不良品，才能使得不流出和不接受不良品变为可能。

3.3.1.3 不流出不合格品

不流出不合格品是指员工完成本工序加工后，需检查确认产品质量，一旦发现不良品，必须及时停机，将不良品在本工序截下，并且在本工序内完成不良品处置并采取防止措施。本道工序应保证传递的是合格产品，否则会被下道"客户"拒收。

3.3.2 做好工艺管理

工艺管理就是在生产产品过程中，针对产品的质量控制而对各种影响因素设置的具有约束性的规定。工艺管理的主要内容如图3-4所示。

内容一　准备技术文件

与工艺管理有关的技术文件主要包括以下两类，在准备各类技术文件时，要做到正确、完整、统一。
（1）产品图样和技术标准。
（2）工艺文件。包括各种工艺流程图、工艺性分析资料、工艺方案、工序操作卡等

内容二　校正设备和工艺装备

除设备型号或工艺装备编号应符合工艺文件规定外，所有生产设备和工艺装备均应保持精度和良好的技术状态，以满足生产技术要求。量具、检具与仪表应坚持周期检定，保证量值统一，精度合格。不合格的设备和工艺装备，不能用于生产和品质检验。各种校正好的设备和工艺装备不能任意拆卸、移动

内容三　正确使用材料与在制品

在使用各种材料与在制品时，应注意以下要点。
（1）材质、规格符合工艺要求。
（2）在现场要进行正确、安全地装卸、搬运和移动

内容四　选定操作人员

要根据作业需要选定符合资格的操作人员。具体要点为。
（1）技术等级应符合工艺文件的规定，实际技术水平与评定的技术等级相吻合，确已达到本工序对操作者的技术要求。
（2）单件小批和成批生产，关键和重要的工艺实行定人、定机、定工种。大批量生产，全部工序实行定人、定机、定工种。
（3）精、大、稀设备的操作者，应经考试合格并获得设备操作证。
（4）特殊工序的操作者，例如锅炉、压力容器的焊工和无损检测人员等，应经过专门培训，并经考试合格，具备工艺操作证，在证书有效期内可以从事证书规定的生产操作

图3-4

| 内容五 | 保持现场安全整洁 |

（1）及时清扫现场的所有区域，包括设备、作业台、地面等。
（2）清理作业现场，保持现场通道的畅通。
（3）各种在制品按要求堆放，并按定置区域规定存放

图3-4　工艺管理内容

3.3.3　做好不合格品的隔离

隔离就是为了确保不合格品不被误用以及明确品质责任和品质事项原因的分析，必须要将生产现场中检验出的不合格品进行区域隔离放置。

3.3.3.1　不合格品区域规划

（1）在各生产现场的每台机器或拉台的每个工位旁边，均应配有专用的不合格品箱或袋，以便用来收集生产中产生的不合格品。

（2）在各生产现场的每台机器或拉台的每个工位旁边，要专门划出一个专用区域用来摆放不合格品箱或袋，该区域即为"不合格品暂放区"。

（3）各生产现场和楼层要规划出一定面积的"不合格品摆放区"用来摆放从生产线上收集来的不合格品。

（4）所有的"不合格品摆放区"均要用有色油漆进行画线和文字注明，区域面积的大小应视该单位产生不合格品的数量而定。

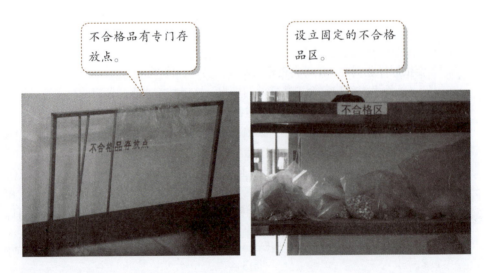

3.3.3.2 不合格品标志的放置

（1）对QC判定的不合格品，所在部门无异议时，由货品部门安排人员将不合格品集中打包或装箱。QC在每个包装物的表面盖"REJECT"印章后，由现场杂工送到"不合格品摆放区"，按类型堆栈、叠码。

（2）对QC判定的不合格品，所在部门有异议时，由部门管理人员向所在部门的QC组长以上级别的品管员进行交涉，直至品管部经理。

不良品放在作业台底下，这是错误的。

设置不合格品看板，对品质的控制起到警示作用。

3.3.3.3 不合格品的具体管理

不合格品区内的货物，在没有品管部的书面处理通知时，任何部门或个人不得擅自处理或运用不合格品。

不合格品的处理必须要由品管部监督进行。

（1）报废。QC在外箱上逐一盖"报废"字样后，由杂工送到工厂划定的"废品区"进行处理。

（2）返工。QC在外箱上逐一盖"返工"字样或挂"返工"标志牌，责成有关部门进行返工，具体包括：返工、返修、挑选及选择性做货。

（3）条件收货。QC接收货通知，取消所有不合格标志，外箱若有不合格字样则用"绿色"色带进行覆盖。

（4）其他不合格品的处理规定，均由品管部按处理通知协助相关部门进行妥善处理。

3.3.3.4 不合格品的记录

现场质检员应将当天产生的不合格品数量如实地记录在当天的巡检报表上,同时对当天送往"不合格区"的不合格品进行分类,详细地填写在"不合格品隔离控制统计表"(如表3-14所示)上,并经生产部门签认后交品管部存查。

表3-14 不合格品隔离控制统计表

生产部门/班组: 　　　　　　　　　　　　　　　　　日期:

品名/规格	颜色	编号	工位	不合格品变动			区编号	备注
				进	出	存		

生产部门: 　　　　　　　　　　　　　　QC:

3.3.3.5 不合格品的隔离工作要点

(1)经初审鉴定为不合格品的货品,必须及时隔离,以免好坏货品混装。

(2)对产生的不合格品,必须即时记录并标示。

(3)加强对现场留存的不合格品的控制。

(4)保证不合格品在搬运过程中其标志物的维护。

(5)明确不合格品的处置部门和权限。

3.3.4 生产线不良品的控制

不良品是指一个产品单位上含有一个或一个以上的缺点。进行不良品控制,一方面要明确相关责任人的职责;另一方面,要分析不良品产生的原因。

3.3.4.1 相关责任人职责

(1)作业员

通常情况下,对作业中出现的不良品,作业员(检查人员)在按检查基准判明为不良品后，一定要将不良品按不良内容区分放入红色不良品盒中，以便班组长进行不良品分类和不良品处理。

（2）班组长

①班组长应每两小时一次对生产线出现不良品情况进行巡查，并将各作业员工位处的不良品，按不良内容区分收回进行确认。

②对每个工位作业员的不良判定的准确性进行确认。如果发现其中有不良品，要及时送回该生产工位与该员工确认其不良内容，并再次讲解该项目的判定基准，提高员工的判断水平。

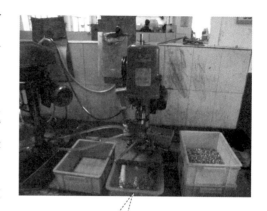

在作业台旁边都放置了一个红色的不合格品箱。

③对某一项（或几项）不良较多的不良内容，或者是那些突发的不良项目进行分析（不明白的要报告上司求得支援），查明其原因，拿出一些初步的解决方法，并在次日的工作中实施。

若没有好的对策方法或者不明白为什么会出现这类不良时，要将其作为问题解决的重点，在次日的品质会议上提出（或报告上司），从而通过与他人以及上司（技术者、专业者）进行讨论，从各种角度分析、研究，最终制定一些对策方法并加以实施，然后确认其效果。

④当日的不良品，包含一些用作研究（样品）或被分解报废等所有不良品都要在当日注册登录在班组长的每日不良统计表上，然后将不良品放置到指定的不良品放置场所内。

3.3.4.2　制程中不良品标示

在生产现场的每台机器旁，每条装配拉台、包装线或每个工位旁边一般应设置专门的"不合格品箱"。

（1）对员工自检出的或PQC在巡检中判定的不合格品，员工应主动地将其放入"不合格品箱"中，待该箱装满时或该工单产品生产完成时，由专门员工清点数量。

（2）在容器的外包装表面指定的位置贴上"箱头纸"或"标签"，经所在部门的QC员盖"不合格"字样或"REJECT"印章后搬运到现场划定的"不合格"区域整齐摆放。

不良品区用标志牌显示，集中放置才是正确的。

各种不良品分区放置。

3.3.5 不良品的退回处理

退回处理是指将由于设计、加工、总装配、检查方法等方面的失误，导致产品在制造过程中产生的不良品，要进行确认后再退回处理。

3.3.5.1 不良品的种类

不良品就是品质上不能满足技术规格要求的材料或成品。

它主要可分为：性能不良、机能不良、外观不良、包装不良等四大类。就其所造成的责任来看，可分为自责品和他责品两种，如图3-5所示。

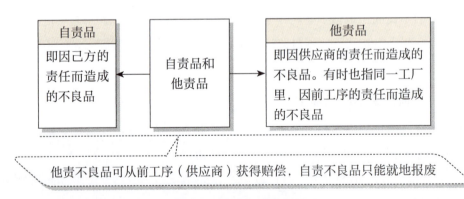

他责不良品可从前工序（供应商）获得赔偿，自责不良品只能就地报废

图3-5　自责品和他责品

3.3.5.2 不良品退回的步骤

（1）退回前明确责任

只要运用恰当的检测手段，大多数的不良品是可以区分出自责品和他责品的，但

有些项目，如外观不良品，却不容易区分。所以，在前工序提供加工样品时就要进行判定。

从技术角度判定产品质量的常用级别如图3-6所示。

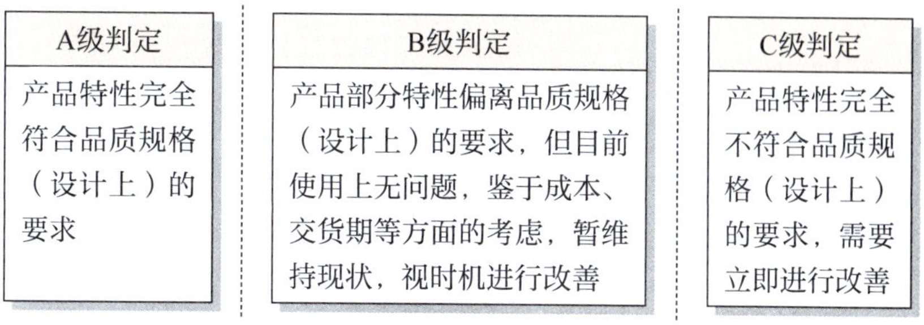

A级判定	B级判定	C级判定
产品特性完全符合品质规格（设计上）的要求	产品部分特性偏离品质规格（设计上）的要求，但目前使用上无问题，鉴于成本、交货期等方面的考虑，暂维持现状，视时机进行改善	产品特性完全不符合品质规格（设计上）的要求，需要立即进行改善

图3-6　从技术角度判定产品质量的常用级别

在判定时应注意以下几点。

①具体注明他责不良品的内容、程序、比率、发现经过。

②对于一开始就是B级判定的产品，中途因故无法使用时，需要预先通知前工序，本着"风险共担"的原则协调解决。

（2）退回时要仔细确认

核对实物与"不良品清退一览表"（如表3-15所示）所记录的具体内容、名称、编号、数量是否一致。

表3-15　不良品清退一览表

退货日期：		退货部门：			责任人：	
品名	编号	发生日期	不良率	不良内容	备注

自责品不能在生产现场就地报废,而是要退回资材仓库进行报废。生产现场应对所有不良品进行造册登记,即填写"不良品清退一览表"。该记录与实物必须相符。若有修改的话,到后工序又会被赋予新的名称和编号。在退不良品时,一定要使用双方事先约定的名称和编号,以避免引起别人误解。

在进行确认时要注意以下几点。

①外观类的不良品在清退前由品管部门做最终判定,正如收货时一样,由品管部门(或者是IQC)把关,可最大限度地减免工程内的误判定。

②贵重类物料在判定为不良品前需要进行反证试做,装在另一件产品上是否会再现。

③在测定、验证上有难度的可由技术部门来确认。对不良品的判定、处理,技术部门同样负有指导的责任。尤其是尺寸、材质、性能等方面的确认更是离不开技术的支援,不良品绝不只是生产现场的事。

④如果是定期累积清退不良品的话,则需要填写"不良品清退一览表",同时在每一组相同不良品的实物上,还要贴附"不良品清退明细表"(如表3-16所示)。

表3-16 不良品清退明细表

确认	日期	自_____ 至不良品仓	责任方
零件名称			
零件编号			
零件数量			
不良原因			

不良品必须经过检测确认后才能进行处理。

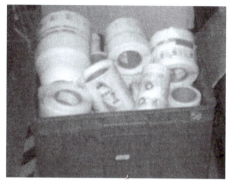
在确认为不良品之后,该报废的就要集中处理。

3.3.5.3 不良品的标示和添附说明文件

要在不良品上标明不良部位或添附说明文字,这样前工序一眼就能看到,无须再次翻查。如果是整批清退的话,则附上判定部门发出的文件。总之,标志尽可能显眼些,必要时也可在外包装上作出标示。

3.3.5.4 不良品的退回处理

(1)原路、原状退回。

不良品可以修理的,就集中到修理区。

不良品退回资材仓库,并集中放置。

原路退回是指与收货途径相反,返退回前工序(供应商)。原状退回是指收货时包装方式是什么样,退回时就必须是什么样。因为任何一种与原先不同的包装方式,都有可能在搬运途中造成新的损坏,而这又恰好成为前工序反投诉的重要证据。

若不良品在后工序就地处理的话(前工序负责),则无须运送回前工序。如果需要运回前工序才能处理的话,则需填写退回单据,以进行数量上的管理。

(2)自责品就地报废,他责品则按相反方向逐级退回前工序。退回前工序的主要目的除了索赔外,还可以反馈不良信息,防止再次发生同类情况。

3.3.6 进行工程检查

工程检查是对生产产品的品质特性进行的定时全程检查,是判断在这期间产品品质好坏的重要手段。

3.3.6.1 检查责任人

一般由生产线班长(组长)负责检测、记录,每日下班时交由责任者(上司)确认。

3.3.6.2 检查项目

品质基准书所要求的检查项目包括可测尺寸(用卡尺、千分尺、塞规、检测治具等来测量)、外观(光洁度、颜色、形状)、动作特性、性能特性,一般都将要检查的项目做成工程检查表,用日报的形式逐项进行检查。

通过检测仪器对产品品质进行检查,以确认是否合格。

3.3.6.3 检查时间

为确保全过程被检产品的均一性,可采用定时工程检查,设每日8小时工作制为例,加班时的工程检查时间间隔与白班一样,不足2小时超过1小时的加班也要检查一次。

3.3.6.4 抽检数量

每一工位抽检3～5件为佳，并将每一试样的检查结果数据等如实填入"工程检查表"各栏中（如表3-17所示）。

表3-17 工程检查表

品名		规格	
部品编号		计划数量	
批号		生产数量	
部门名		不良品数	
班名		生产日期	

检查项目	检查基准	时间检查工具	7:30～9:30	9:30～11:30	13:00～15:00	15:00～17:00	18:00～20:00	20:00～22:00

略图：

3.3.6.5 异常处理

当检查中发现有异常时,要对该工位的作业员工的作业方法是否正确、治工具是否出现异常(定位松动、碰伤等)进行确认并及时处理,检查无误后再进行下一工位的检查,并对检查前生产的产品进行重点检查(或全检)以判定是否需要分离。

Chapter 4

班组安全管理

4.1 完善班组安全管理制度

企业一般都会制定各种科学的、合理的、有效的安全生产管理制度，预防各类事故并控制职业病和职业中毒的发生，以保护员工的安全与健康，促进生产发展。班组是各行业生产活动中的最基层组织，因此以制度来规范班组安全生产管理极为重要。

4.1.1 班组安全讲话制

班前会是班组长安排布置生产任务、凝聚人心的时机。在每天的班前会上，班组长应该进行安全讲话，提醒班组成员注意安全生产，避免各类事故的发生，真正做到安全生产"五同时"。

安全讲话的主要内容应包括以下几个方面。

（1）当天生产任务的特点。
（2）生产中可能发生的危险与预防措施。
（3）上班曾发生的违章行为与纠正处理方法。
（4）提醒班组成员应注意的安全事项。
（5）传达上级有关安全生产的工作指示。
（6）传达企业内外近期发生的伤亡事故教训及本班组预防类似事故的对策。
（7）要求全组成员正确穿戴和使用劳动保护用品和用具。

班前会过后，应将班前会的内容及时进行记录，以备发生事故时查阅，达到查清原因、分清责任的目的。通过召开班前会，一起讨论出现的问题，使每个人都关注安全，起到互相提醒、互相监督的作用。别人今天的失误，可能就是自己明天的事故，班前会上互相交流安全信息对大家非常有益。

4.1.2 交接班制

在倒班作业中，应每天及时做好交接班，因而交接班制的确立就非常有必要了。

4.1.2.1 交接班的内容

上一班的班组长应将班中的生产情况、设备状况、安全隐患等信息正确传达给下一班的班组长，以便使下一班掌握情况，避免出现上一班的隐患未整改，造成下一班操作失误酿成事故。

4.1.2.2 交接班的记录

交接班时双方班组长应在交接班记录本上进行签名确认，交接班记录可以设计成表格形式，具体内容应涵盖：生产完成情况、设备运行情况（包括故障及排除情况）、安全隐患及可能造成的后果、其他应注意的事项等。

4.1.2.3 交接班的方法

交接班的主要方法是"三一""四到""五报"交接法，如图4-1所示。

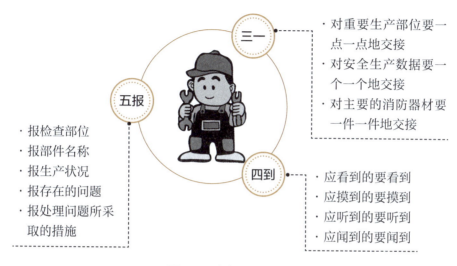

图4-1 交接班的方法

下面是某企业生产班组交接班制度，仅供参考。

范本 生产班组交接班制度

生产班组交接班制度

一、交接内容

1. 交工艺：当班人员应对管理范围内的工艺现状负责，交班时应保持正确的工艺流程，并向接班人员交代清楚。

2. 交设备：当班人员应严格按工艺操作规程和设备操作规程认真操作，对管辖范围内的设备状况负责，交班时应向接班人员移交完好的设备。

3. 交卫生：当班人员应做好设备、管线、仪表、机泵仓（房）、办公室的清洁卫生，交班时要交代清楚。

4. 交工具：交接班时，工具应摆放整齐，无油污、无损坏、无遗失。

5. 交记录：交接班时，设备运行记录、工艺操作记录、巡检记录、维修记录等应真实、准确、整洁。

凡上述几项不合格时，接班人有权拒绝接班，并应向上级反映。

二、"十交"与"五不交"

1. 十交

（1）交本班生产情况和任务完成情况。

（2）交仪表、设备运行和使用情况。

（3）交不安全因素，采取的预防措施和事故的处理情况。

（4）交设备润滑三级过滤和工具数量及缺损情况。

（5）交工艺指标执行情况和为下一班的准备工作。

（6）交原始记录是否正确完整。

（7）交原材料使用和产品质量情况及存在的问题。

（8）交上级指示、要求和注意事项。

（9）交跑、冒、滴、漏情况。

（10）交岗位设备整洁和区域卫生情况。

2. 五不交

（1）生产不正常、事故未处理完不交。

（2）设备或工艺有问题，搞不清楚不交。

（3）岗位卫生未搞好不交。

（4）记录不清、不齐、不准不交。

（5）车间指定本班的任务未完成不交。

三、交接班记录

由班组长或岗位负责人填写交接班日记，其内容为：

（1）接班情况。

（2）本班工作，其中包括本班的出勤及好人好事情况，生产任务完成情况，产品质量情况，安全生产情况，工具、设备情况。

（3）注意事项、遗留问题及处理意见，车间或上级的指示。

（4）交接班记录一般保存三年。

4.1.3 安全用火制度

"火"是安全的大敌，但在生产过程中又离不开火。采暖、保暖以及电、气焊等很多工艺都要用火。为此，企业应有严格的用火制度，明确规定在一般情况下各单位不能随便动火，在生产施工中必须动火的，一定要分地点、分场合并履行一定的动火手续，并填写"动火申请表"，如表4-1所示。

表4-1　动火申请表

动火单位	
车间动火负责人	
车间动火现场监护人	
动火执行人	有效证件
动火地点	场地清理人
动火作业起始时间	
动火作业单位已采取的安全措施及承诺	动火前"八不"。 （1）防火、灭火措施没落实不动火； （2）周围的杂物和易燃品、危险品未清除不动火； （3）附近难以移动的易燃结构未采取安全防范措施不动火； （4）凡盛装过油类等易燃、可燃液体的容器、管道用后未清洗干净不动火； （5）在进行高空焊割作业时，未清除地面上的可燃物品和采取相应防范措施不动火； （6）储存易燃易爆物品的仓库、车间和场所未采取安全措施，危险性未排除不动火； （7）未有配备灭火器材或器材不足不动火； （8）现场车间安全员不在场不动火。 申请人签字：
保安部 审批意见	（签字盖章） _____年___月___日
备注	

4.1.4　操作确认挂牌制

操作确认挂牌制，是指为了防止错误操作，在每次操作或作业前，对机器设备等操作对象要求必须做到确实认定、确实可靠、确实准确，并在思维中作出确切的反应方可执行的严格规定。挂牌是对操作者进一步的提醒，目的还是为了防止错误操作。

确认挂牌制的要点如下所述。

（1）认定这个操作"对象"的名称、作用、运转方向，是否达到负荷要求和是否影响、危害到他人或其他设备。

（2）在认定了上一条的前提下，还要做到能读出或默诵出操作对象的名称、作用，认定无误后方可操作。对于关键性的操作、按钮、开关、阀门等，要加安全防护罩或挂牌子。

（3）上、下岗交接班时，要检查确认设备润滑、紧固、制动控制、电器供电系统是否完好，压力、温度、加热炉、干线炉的火势是否适当，易燃、易爆物质存放位置是否合适，有无事故因素，确定无误方可上下班。

4.1.5 指挥联系呼应制

指挥联系呼应制，是指在生产环境复杂、人机混杂、同一生产环节距离较远、噪声较大的情况下，为了做到指挥得当、联系呼应确切所作的严格规定。这个制度的要点如下所述。

（1）全作业线由班组长或值班长统一指挥，在两人以上协同操作时，必须确定只能一个指挥，不能多头指挥。

（2）指挥人或主操作人向被指挥人或配合操作人发出的操作指令要简短明确，被指挥人或配合操作人要复诵无误或做出准确回答后才能进行工作。

（3）两人以上工作距离较远或视线较差需用有线、无线电话或信号联系时，除实行以上呼应制度外，涉及人身、全线、全厂性的重要生产活动，双方应做好联系结果记录。

（4）对于来自本班组以外的操作指令或其他工作指令，要确认对方单位、地点、指令者姓名、指令发出时间和具体行动时间，并做好记录，然后将指令重述校对确切无误后，才能组织实施。

4.1.6 在厂区、作业区的行动安全制

在厂区、作业区的行动安全制，主要是规定在厂区、作业区内，都要标明行动路线和挂牌指示"高压、高温、高速、防火、有毒"等字样，以免本单位人员和外来人员发生意外事故。这个制度的要点如下所述。

（1）在车间、作业区、井场、联合站、中转计量站内一般谢绝闲杂人员通行、参观或游玩，如非通行不可的要沿规定路线行走；即使是生产操作人员，在作业区内，也要眼观六路，耳听八方，尤其是在高温、高压、高速、易燃、易爆、有毒之处和悬吊物下，要避让绕行。

（2）吊车、钻吊在吊物操作前，一方面要量物、量力而行；另一方面要注意吊物周围的行人、设备、设施等有无妨害，认定无误后，方可起吊。

（3）车辆进入作业厂区内或井、站内，要确认道路宽窄、高低以及有无漏油漏气现象，防止排气筒喷出火花，引起火灾。穿行铁路、道路口时，要"一站二看三通过"，严禁抢道抢行。

4.1.7　安全预防保护制

安全工作主要是以预防保护为主。在进行某一项生产活动中，要根据可能发生的不安全因素采取相应的防范保护措施。开始一项工作前，要先自问几个为什么，这样干是否符合安全规定，会不会伤害自己或他人。必须做到先防范，然后再开始工作。这就是安全预防保护制。其要点如下所述。

（1）员工进入岗位必须戴安全帽，穿工作服、工作鞋，高空作业必须系保险带；操作前，要观察周围的环境是否有不安全因素或影响操作的障碍物。确认无误后，严格按规程进行操作。

（2）进入有毒、易燃、易爆处或各种容器、长久关闭的坑道、管道、地下室内进行检查、检修、取物、用火等临时操作时，必须经安全部门或现场安全员采用一定手段检测、鉴定、测试后方可进入，并要有安全人员监护，还要经常通风，如操作停留时间过长，应轮流或间断进行。

（3）对电器设备带电操作，如倒闸、启停高压开关，在野外更换电力系统中的零部件，不但要进行模拟操作，还要有人监护，并要按操作票，一人唱票，一人操作。对供电线路停电检修时，不但要挂牌标记，而且要在切断电源处留人守护，以免他人误送电伤人。

4.1.8　安全先进班组评比活动制度

开展好安全先进班组评比活动，是班组搞好安全生产的重要环节。要成为安全生产的先进班组，必须达到以下条件。

（1）安全的组织机构、制度健全，并定期开展安全活动，各项记录齐全完整。

（2）开展事故预先防范活动，发现事故苗头要及时整改、处理，做到长期安全生产，并总结一套安全生产的经验。

（3）坚持班前班后安全讲话，表扬安全生产中的好人好事，批评并责改生产中出现的安全问题，严格按照班组制定的安全考核办法，做到奖罚分明。

（4）作业环境整洁、美观，光线充足，空气流通；有毒有害物质含量和噪声符合标准；安全标志清楚，安全信号正确；从事有毒有害工种的班组，达到消灭职业病例的目的。

4.1.9　安全教育制度

4.1.9.1　新员工安全教育

新进厂员工持行政部门开出的《员工安全教育档案卡》，经上级教育后到班组工作。班组长应及时对其进行新员工上岗前班组级安全教育，教育时间不少于15学时，教育内容主要有：介绍本班组安全生产情况、特点；讲解本工种岗位作业特点和安全操作规程，设备操作安全事项，班组存在的危险和有害因素，安全防护设施、劳动防护用品（用具）的正确使用方法；点明要遵守的安全生产规章与制度，并指定专人监护。教育完后，在教育卡上分别由教育者和受教育者签字，由受教育者将卡片送回行政部门。

4.1.9.2　变换工种教育

变换工种人员持行政部门的《员工安全教育档案卡》到班组后，班组长及时安排对其教育，教育时间不少于10学时，教育内容和教育后手续与新员工相同。

4.1.9.3　复工教育

（1）工伤伤愈上岗，不论歇工时间长短，一律要进行复工安全教育，教育内容是帮助伤者回顾事故是怎么发生的，要接受哪些教训等。

（2）因各种原因离岗三个月的，回岗后，班组长要对其进行收心教育，重温安全生产纪律、制度、安全操作规程，稳定其安全生产情绪，重新熟悉环境和设备。

以上两种情况的复工教育，均应先到分厂安全技术人员处接受教育质询，再携带《员工安全教育档案卡》到班组进行教育。重伤、急性中毒，需要进行工伤鉴定办理工伤保险的，应到企业安全管理部门接受教育和质询。

4.1.10 工伤、事故管理制度

发生事故后班组应做到以下几点。

（1）积极保护伤者，保护好事故现场。

（2）立即派人报告车间和分厂主管领导，并同时报告安全技术部门。

（3）如实向事故调查组提供事故情况，事故结案后应组织员工认真学习事故通报，吸取教训，落实班组的事故防范措施，并做好班组的事故记录。

（4）对于未遂工伤等事故也应有分析记录。

4.1.11 安全文明生产检查制度

（1）班组应按公司"班组岗位安全日查登记本"做好每日班前、班中、班后的安全检查。

（2）班组设备设施较多并有A、B类危险控制点的，应根据需要坚持班组安全周检或其他专项检查。

4.2 确立班组安全责任

4.2.1 班组在安全中的作用

班组是企业的基层组织，是加强企业管理，搞好安全生产的基础，它好比大厦的地基，地基不结实，大厦就有倒塌的危险。所以班组安全管理工作的好坏，直接决定了企业安全生产的状况。

企业里，绝大部分事故发生在班组，因此，班组是事故的主要"发源地"，只有班组的安全工作搞好了，事故频率减少了，整个企业的各项安全管理措施才落到了实处，安全管理才能收到实效。如果班组长管理不善，或责任心不强，对违章违纪听之任之，发生事故的概率将大大增加。

某工厂水解反应釜又发生了泄漏，班长王强知道后按常规简单地向维修部写了一张维修单。操作工陈明认为不能这样做："班长啊，这个水解反应釜三番四次泄漏，一定是出了什么问题。我们不能这样简单维修一下，最好是报告上级，找一些专家过来全面检查一下。"

王强听了不耐烦"没事，凭我多年的工作经验，这只是个小意外，不要大惊小怪啦！况且维修部过来维修的时候，如果有问题一定能查出来。"

几天后，正在运行的水解反应釜突然爆炸，设备完全炸毁，造成8人死亡、4人重伤、13人轻伤，直接经济损失达30余万元。

4.2.2 班组长的安全责任

班组长是一个班组的头，是兵头将尾，是班组的安全生产第一责任人，其责任相当重大。

班组长是班组的安全生产第一责任人，同时又是完成班组生产任务的核心人物，这就决定了班组长在管好生产的同时，必须管好安全，否则在生产中发生不安全现象乃至事故，班组长的责任是不可推卸的。班组长的具体职责有以下几个方面。

（1）认真执行劳动保护方针政策、规章制度以及本企业和本车间的安全工作指令、决定等，对本班组工人在生产中的安全和健康负责。

（2）根据生产任务、劳动环境和工人的身体、情绪、思想状况具体布置安全工作，做到班前布置，班后检查。

（3）经常教育和检查本班组工人正确使用机器设备、电器设备、工夹具、原材料、安全装置、个人防护用品等。做到机器设备处于良好状态，保持成品、半成品、材料及废物合理放置，通道畅通，场地整洁。消除一切不安全因素和事故隐患。

（4）对本班组工人进行安全操作方法的指导，并检查其对安全技术操作规程的遵守情况。

（5）督促班组安全员认真组织每周的安全活动，做好对新员工、调换工种和复工人员的安全生产知识教育。

（6）发生伤亡事故时，应立即报告车间领导，并积极组织抢救。除采取防止事故扩大采取必要的措施外，应保护好现场。组织班组按"三不放过"的原则，对伤亡事故进行分析，吸取教训，举一反三，抓好整改。督促安全员认真填写"员工伤亡事故登记表"，按规定的时间上报。

（7）积极组织开展"人人身边无隐患活动"，制止违章指挥和违章作业，严格执行"安全否决权"。

（8）加强对班组安全员的领导，积极支持其工作。对各种安全生产档案资料应做到制度化、规范化、科学化。

有的企业会组织全体员工参加安全大会，签下安全责任书，如表4-2所示，班组长可从责任书中，了解自己的安全责任。

某工厂班组成员进行安全宣誓活动。

表4-2　部领班、班组长安全生产责任书

部领班、班组长安全生产责任书

领班、班组长安全生产职责：
1. 执行本公司和车间安全生产规定和要求，对本班组的安全生产全面负责。
2. 组织员工学习并贯彻执行公司、车间各项安全生产规章制度和安全技术操作规程，教育员工遵守法纪，制止违章行为。
3. 组织并加强安全活动，坚持班前讲安全、班中检查安全、班后总结安全。
4. 负责对新老员工进行岗位安全教育。
5. 负责班组安全检查，发现不安全因素及时组织力量消除，并报告上级。
6. 发生事故立即报告，并组织抢救，保护好现场，做好详细记录。
7. 搞好本班组生产设备、安全装置、消防设施、防护器材和急救器具的检查维护工作，使其保持完好和正常运行，督促教育员工正确使用劳动保护用品。
8. 不违章指挥，不强令员工冒险作业。
9. 本部门第一安全责任人委托的其他安全工作。

我们承诺：坚决履行上述安全生产职责和义务，认真抓好本班组安全生产工作。

签发人（部门安全生产第一责任人）：＿＿＿＿＿＿

责任人签名：　　　　　　　　　　　　　　　日期：＿＿＿年＿＿月＿＿日

序号	姓　名	工　号	职　位	签名
1				
2				
3				
……				

4.2.3 班组成员的安全责任

班组成员是班组长的直接下属,包括班组中所有岗位的员工。班组中所有岗位的每个人都有安全责任。

4.2.3.1 班组成员的安全责任

(1)坚持"安全第一,预防为主"的方针,严格遵守企业各项安全生产规章制度和安全操作规程,正确使用和保养各类设备及安全防护设施,不准乱开、乱动非本人操作的设备和电气装置。

(2)上班前做好班前准备工作,认真检查设备、工具及其安全防护装置,发现不安全因素应及时报告安全员或班组长。

(3)按规定认真进行交接班,交接安全生产情况,并做好记录。

(4)积极参加和接受各种形式的安全教育及操作训练,参加班组安全活动,虚心听取安全技术人员或安全员对本人安全生产的指导。

(5)按规定正确穿戴、合理使用劳动保护用品和用具,对他人的违章作业行为有责任规劝,对违章指挥有权拒绝执行,并立即报告有关领导和厂安全技术人员。

(6)经常保持工作场地清洁卫生,及时清除杂物,物品堆放整齐稳妥,保证道路安全畅通。

(7)发生工伤、工伤未遂等事故或发现事故隐患时,应立即抢救并及时向有关领导和安全技术人员(安全员)报告,应保护好现场,积极配合事故调查,提供事故真实材料。

4.2.3.2 如何明确班组成员的责任

可以在各种会议上,如早会、部门大会、班前班后会上讲解员工的安全责任。也可以在员工培训(新员工入职培训、在职员工培训、安全专题培训)上不断地强调员工的安全责任。也可以很慎重地开一个安全大会,组织班组成员签订"员工安全生产责任书",如表4-3所示。使其真正地知道自己的安全责任。

表4-3 员工安全生产责任书

员工安全生产责任书
员工安全生产职责: 1.严格遵守公司各项安全管理制度和操作规程,不违章作业,不违反劳动纪律,对本岗位的安全生产负直接责任。

续表

> 2. 认真学习和掌握本工种的安全操作规程及有关安全知识，努力提高安全技术。
> 3. 精心操作，严格执行工艺流程，做好各项记录，交接班必须交接安全情况。
> 4. 了解和掌握工作环境的危险源和危险因素，发现各种事故隐患时积极进行报告。
> 5. 发生事故，要正确处理，及时、如实地向上级报告，并保护现场。
> 6. 积极参加各种安全活动，发现异常情况及时处理和报告。
> 7. 正确操作，精心维护设备，保持作业环境整洁，有序。
> 8. 按规定着装上岗作业，正确使用各种防护器具。
> 9. 有权拒绝违章作业的命令，对他人违章作业予以劝阻和制止。
>
> 我们承诺：坚决履行上述安全生产职责和义务，认真做好本岗位的安全生产工作。
>
> 签发人（部门安全生产第一责任人）：_____
>
> 责任人签名： 日期：____年__月__日

序号	姓名	工号	工种	签名	序号	姓名	工号	工种	签名
1					6				
2					7				
3					8				
4					9				
5					……				

4.3 | 加强班组成员的安全意识

有调查显示，事故发生的人为因素中，安全意识超过90%，而安全技术水平所占比例不到10%。企业界的安全培训，90%的精力用在占10%比重的安全技术水平上，只有不到10%的精力用在占90%比重的安全意识上。所以，班组长必须具有强烈的安全意识，并不断地对员工进行安全意识的培养。

安全意识是安全工作的基础。班组要想保证安全生产，就需要多方面因素的支持作保证。在影响班组安全工作的诸多因素中，班组成员的安全意识最关键，其往往对班组成员的安全责任心与安全行为起着直接支配的作用。

4.3.1 安全意识 ●●●

安全意识是人多种意识当中的一种，是人所特有的对安全生产现实的心理反应，是人的大脑对安全的认识和理解而产生的各种思维，是从公司领导到每一位员工对安全工作方面的认识和理解，它和安全认识紧密联系，其核心是安全知识，没有安全知识就谈不上安全意识。

4.3.1.1 安全第一、预防为主、综合治理的观念

安全第一、预防为主、综合治理的观念就是要求公司所有人员，都要确立"安全就是生命"的思想，坚持把安全作为企业生存和发展的第一因素来抓，当生产和安全发生矛盾时，生产要让位于安全，不能因为赶时间、抢进度而忘了安全操作规程、忘了交代和布置安全工作。

> 树立安全第一的生产理念。

> 安全始终是工厂生产的核心思想。

4.3.1.2 安全效益的观念

安全是一种生产力，安全投入是有一定产出的，它体现在以下两方面：一方面是事故发生率降低，损失减少；另一方面是安全方面的投入具有明显的增值作用，可以提高作业人员的工作效率。

4.3.1.3 安全依靠科技的观念

因施工工艺粗糙，设备性能质量、健康水平差，生产安全得不到保障，利用先进的生产设备和合格工艺的安全意识，可大幅度地降低安全的事故率。

4.3.1.4 安全法制观念

安全法制是企业安全管理的中心环节，是人员对安全问题的知法、守法以及法律监督，在思想认识和实际行动上的统一和体现，使安全做到有法可依。公

> 将安全生产法对安全生产方针的要求挂在墙上，时时提醒员工要有"安全第一，预防为主"的意识。

司全体人员应切实遵守和执行国家的安全法律法规等安全法律制度，并对安全事故的责任者实事求是地依法追究责任。同时要不断提高员工的安全法律、法规观念。

4.3.1.5 安全道德的观念

良好的安全道德观念是安全意识的最高境界，是安全文化培养的最高目标，也是当今安全管理方面的至高要求，在工作中，不使自己受到伤害，不伤害别人，凡是都以安全第一，不断学习业务技能，提高自身的安全防范能力等就是良好安全道德观。

4.3.1.6 安全管理长期性观念

安全管理存在于企业生产活动的始终，进行有效的安全管理必须有长期性观念。要搞好安全管理，必须着眼于长远，制订安全计划、安全目标，不断创新安全管理方法，从而持续不断地提高企业安全管理。

4.3.2 分析员工安全意识薄弱的原因

安全意识薄弱是指人在心理上轻视、不重视安全的重要性，以为事故不可能临到自己的心理状态。

安全意识薄弱主要是由以下几种心理因素构成的。

4.3.2.1 对安全教育的忽视、厌倦心理

（1）对安全教育的忽视心理

安全教育对公司全体人员来说是件必不可少的事，但是有的人员却不在意。认为很多生产工作是简单劳动，受不受安全教育不重要。这种心理只要存在就会对搞好安全教育产生负面影响。

（2）对安全教育的厌倦心理

造成这种原因，一是安全教育没有新内容；二是教育形式没有新变化，形式单调，过安全日时只是念念文件，学学操作技能，尤其在安全事故分析时，对人不对事的讨论现象时有发生；三是管理人员的举止形态、说话语气欠妥，会使员工对安全教育产生厌倦心理。

4.3.2.2 对安全活动的应付心理

有的人员认为只要工作中小心一点，事故就不会发生在我身上。参加班组安全活动牺牲了自己的时间，但不参加安全活动却面临考核，心灵深处并不想参加安全活动，所以活动中对内容并不关心，另外，有的安全活动组织者专业知识缺乏，学习内

容没有针对性，部分人员自然要产生应付心理。

4.3.2.3 对安全管理的逆反心理

部分人员产生逆反心理的原因是多方面的，主要表现为以下几点。

（1）对员工的"违章"行为处理失当。例如：不能坚持原则，讲关系和讲情面的情况存在。随意性大，对相关责任人处理不平衡等行为，使部分员工产生反感，产生对立情绪。

（2）对员工的违章行为以罚代教，员工违章了，不对员工进行说服教育，没有使员工从道理上明白为什么要搞好安全，只是一罚了事，使员工产生逆反心理。

4.3.3 安全意识薄弱的表现

安全意识薄弱的表现是指轻视安全意识的心理在人的行为、习惯的体现，也就是其外在的表现。

4.3.3.1 自我表现心理

有这种心理的人员，喜欢在别人面前表现自己的能力，在工作中常常是表现得很自信，显得很有把握，即便是一知半解也充内行，不懂装懂，盲目操作，生硬作业。

4.3.3.2 侥幸心理

有这种心理的人员，工作常常从图省事出发，对明明要注意的安全事项不去注意，明令禁止的操作方法他照样去操作。凭主观感觉把安全操作方法视为多余的、烦琐的作业。

某日，工厂一电工在检修变压器时，明知进线刀闸带电，在无监护人情况下该电工却独自架梯登高作业，身体离进线刀闸过近（小于0.7米），遭电击，从1.9米高处坠落撞击变压器，终因开放性颅骨骨折、双上肢电灼伤等，抢救无效而死亡。该电工忽视了人体与10千伏带电体间的最小安全距离应不小于0.7米的规定，而且一人作业，无工作监护，违章作业葬送了自己的性命。

4.3.3.3 "经验"心理

持这种心理状态的人员多数是凭自己片面的"经验"办事，对别人合乎安全规范的劝告常常听不进，经常说的话是"多少年来一直是这样干，也没出事故"。

4.3.3.4 从众心理

这是一种普遍的心理状态。绝大多数人在同一场合、同一环境下，都会有随从反应，如果别人都这样违章做了，他也跟着违章。如果没有人去纠正，这种违章现象的人会越来越多。

4.3.3.5 逆反心理

这种心理状态主要表现在被管理者对管理者关系紧张的情况下，被管理者通过言行来"抗上"。持这种心态的员工往往气大于理。"你要我这样做，我非要那样做"。于是因逆反心理而导致违章工作，以致发生生产安全事故。

4.3.3.6 反常心理

人们情绪的形成经常受到生理、家庭、社会等方面因素刺激影响。带有情绪上班的人多数心情急躁或闷闷不乐，在岗位上精力不够集中，分心走神，显得比较浮躁、激动，工作中往往会发生偏激行为。

2016年12月10日15时18分，某供电公司在112-4刀闸准备做合拉试验中，运行操作人员不认真核对设备名称、编号和位置，走错位置，又未经许可，擅自解除闭锁，造成一起带电合接地刀闸的恶性误操作事故。原来，112-4刀闸消缺工作应该在112开关检修工作结束（工作票全部终结），并将112系统内地线全部拆除后，重新办理工作票。在112-4刀闸准备做合拉试验中，运行操作人员不认真核对设备名称、编号和位置，错误地走到112-7接地刀闸位置，不经值班长许可，擅自解除闭锁，将112-7接地刀闸合入，造成带电合接地刀闸的恶性误操作事故。经了解，该运行人员因家庭矛盾晚上没休息好，思想波动大，第二天操作时思想走神，是事故发生的直接原因。

在实际工作中，如果员工感到身体不舒服，家里有事情等情况，精神状态不好，自己认为不适合工作时，要向班组长马上提出来，经班组长同意离开工作现场；班组长也要及时观察员工的情绪状态，发现有不好的苗头主动询问，如有情况要求员工离开工作现场，或调到危害性小的岗位，避免发生安全事故。

4.3.3.7 冷漠心理

持这种心理的人员，缺乏主人翁意识。表现在对与自己无关的工作不闻不问，冷漠看待，常抱有事不关己高高挂起的心态，致使别人不愿意接近。

4.3.3.8 紧张心理

有这种不良心理的人员，主要表现在工作业务技能低下，缺乏工作经验，应变能力差，遇事束手无策，不知道从何下手。

4.3.4 提高员工安全意识

提高员工安全意识就是指要采取各种方法、手段或技巧，利用各种时机来对员工进行安全意识的培训，从而使员工重视安全。

4.3.4.1 加强安全生产的宣传

要大力开展安全生产法律法规的宣传教育，在公司创造"安全生产，以人为本"安全文化氛围，把安全提高到一个全新的高度，通过会议、知识竞赛、技能考核等各种形式学习相关规章制度，通过张贴安全宣传画、标语，使全体人员能够认识到安全的重视程度，要使大家认识到，现在的安全生产，已经提升到法律的高度，违反安全生产规章制度和操作规程，就是违法行为。

某企业安全意识提升的"八安八险"标语。

4.3.4.2 对员工普及安全知识

要采取张贴安全标语、开办安全讲座、宣传画等方式向员工传授安全常识：如安全生产"三不伤害""四不放过""五不干""十条禁令"等以及员工平时怎样提高自我保护等，把一些常用的、实用的安全知识传授给大家，容易被员工理解和接受，对提高安全意识有很好的作用。

将"用电安全知识"以看板的形式张贴出来。

4.3.4.3 加强员工责任意识教育

班组长要克服形式主义、好人主义的思想，对安全生产工作要敢抓敢管，不怕得罪人，加强安全生产督查和检查，真正使安全生产工作严格起来，落实下去。从员工层面上严格地按照规章制度去作业、去操作，按照安全规定要求完成各项工作。

4.3.4.4 让员工明白自己是安全的最大受益者

不可否认，搞好企业的安全工作，企业会受益，然而最大的受益者是员工自己。

首先企业出了事故，领导一般会丢脸：一是做检查；二是做掏腰包；三是行政处分；四是刑事处分。其次，企业出了事故，操作者可能会丢命。而事故的受害者，往往又是事故的责任者，甚至是最大责任者，受到法律最重处罚。可以让员工都来算算这笔账：丢脸和丢命，谁的损失更大。

通过看板方式来宣传安全与幸福的关系。

4.3.4.5 坚持"四不放过"的原则

在提高员工安全生产意识的教育中，坚持"四不放过"也同样能达到遏止事故的目的。

"四不放过"的内容如图4-2所示。

（1）通过"四不放过"可以查清事故发生的原因，事故的发生在哪一层、哪一个环节上，是人为造成的还是设备隐患造成的，以便在以后的工作中知道应该怎样做、不应该怎么做，避免事故的再次发生。

（2）通过"四不放过"可以进一步对安全生产工作存在的不足进行整改，没有采取安全防范措施的要立即采取措施，避免事故的发生。

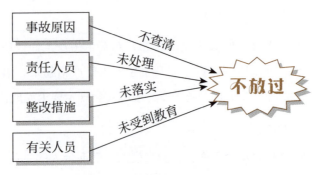

图4-2 "四不放过"的内容

（3）通过"四不放过"可以使事故责任者受到深刻教育，使违章人员从思想深处挖掘自己的过失，知道工作时违反了规程的哪条哪项，为什么会违反，以后在工作中怎样对待安全生产工作，从而提高自身的安全生产意识。

（4）坚持"四不放过"，并不单单是为了使违章人受到处罚，而是只是想告诫违章人员，规程、规定及规章制度是用血的教训写成的，任何人必须无条件地服从，触犯了必将受到严肃处理。这样使事故责任者和其他人受到教育，从而进一步提高员工的安全生产的自觉性。

4.3.4.6 让员工明白失去安全等于失去一切

生产安全意外事故虽然是任何人都不期望发生的，但只要一发生，就会给个人、家庭、企业、社会造成直接或间接的损失。严重时，往往会因"疏忽一时"而"痛苦一世"。安全对我们每一个都相当重要，安全没有了，一切都有可能失去。

4.3.5 必须树立的安全意识

必须树立的安全意识就是指不管怎么样的情形，都要灌输并使员工牢记在心的一些安全意识。

4.3.5.1 你的平安，是对家人最好的关爱

在进行安全意识培训时可以隐去管理者的身影，让亲人取而代之，去唤醒操作者的安全意识，这就是著名的"葛麦斯安全法则"。

人生最大的不幸莫过于幼年丧父、中年丧夫、老年丧子，而事故是造成人生三大不幸的罪魁祸首，所以，在上班时一定要谨记"上班三莫忘"。

> 上班三莫忘
> 第一莫忘子女的祝福
> 第二莫忘妻子的心愿
> 第三莫忘父母的期盼

这样的标语贴在生产现场是很温馨的提示。

4.3.5.2 "学会安全，活着就好"

安全培训是员工最大福利，学习可以让我们知道，什么危险，哪里不能碰，何处最安全；学习让我们知道，哪些可以做，哪些不能做，怎么做才安全。学习让我们知道事故的后果，知道制度规章后面的斑斑血迹，知道操作数据背后的真正含义。学习有两种，一种是从自己经验中学习，另外一种是从别人经验中学习。在安全工作中，从自己的经验中学习是痛苦的，因为要付出惨痛的代价；因为从别人的经验中学习是幸福的，别人用血泪告诉我们真理所在。

安全学习认认真真，工作就能踏踏实实，生活才会实实在在。

4.3.5.3 不伤害自己，不伤害他人，不被他人伤害

"三不伤害"几乎涵盖了岗位员工所应遵守的现场安全管理规章所有的内容（见图4-3）。三令五申劳保着装，就是为了不伤害自己；为了不伤害自己，就必须正确佩戴劳保用品；禁止擅自移动、损坏、拆除安全设施和安全标志，就是为了不让你的这一行为给别人带来伤害。岗位员工要开展危害辨识，查找隐患，就是不能让别人留下的错误伤害到自己。

① 不伤害自己，是我们工作中必须做到的最低标准

一是意识上不伤害自己，二是技能上不伤害自己，三是行为上不伤害自己

② 不伤害他人，是最起码的职业道德

害人就是害己，害人必然害己，肇事者难逃处罚，要么是法规制度的制裁，要么是事故扩大连带的伤害

③ 不被他人伤害，是难以做到而又必须做到的职业规范

图4-3 "三不伤害"的内容

提高自我防范意识，是"不被他人伤害"最关键的一条。违章指挥不要听从，别人操作失误时要帮助改掉，有安全经验要共同分享，从而保护自己免受伤害。

某公司的"三不伤害"保证书。

4.3.5.4 安全连着你我他，防范事故靠大家——互联互保

互联互保是为了安全而建立起来的像伙伴一样的互助关系。员工与员工之间合作共生，利益共享。合作创造价值，伙伴保证安全。互联互保机制内容：一是自保；二是互保；三是联保安全互联互保。员工应该怎样做？第一要自保；第二要真诚；第三要互助。

4.3.5.5 操作之时顾左右，相互要提醒

安全伙伴最大的义务：经验分享是需要，相互监督是必要。最能做到的是关照和提醒，最该做好的是提醒和关照安全伙伴，因为提醒的价值而存在。

某工厂墙上贴着的安全宣传标语。

第一，调整心态。只要是善意的提醒，我们都应该接受。

第二，善用提醒。改变生硬的管理方法，把提醒用于现场安全的全过程。

有一种安全检查方式叫询问，还有一种安全管理方式叫请教。询问和请教，实质就是提醒。五步追究法，一般通过问五次"为什么"，就可以发现病根并找出对策。通过询问提醒员工思考问题，比先入为主的一通批评，更有助于问题的解决。

第三，提醒安全，提醒别人，也不要忘了提醒自己。要记住自己安全自己管，依靠别人不保险。

4.3.5.6 只要上岗，集中思想；工作再忙，安全勿忘

设备好不如态度好，态度好才是真的好。管理措施再严格，如果手忙脚乱，也会滋生祸端。没有章法，或者不按章法，一忙就容易乱，所以才叫"忙乱"。第一，做好准备，熟悉预案，避免手忙脚乱；第二，严守程序，绝不逾越，杜绝乱中出错；第三，使用防呆法，避免容易出错。比如电脑连接线很多，每个插槽都不一样，插错了就插不进去，就可以避免插错。

4.3.5.7 岗位危害我识别，我的安全我负责

人人要重视危害识别，要知道不识别危害，最终会被危险所害。要激发员工善于学习，掌握工具，具备发现危害的能力。

其一，要知道危害辨识必须问的三个问题。

（1）存在什么危险源？

（2）伤害怎样发生？

（3）谁会受到伤害？

其二，要会用危害识别的基本方法。员工参加安全活动时，应熟悉企业发放的各种危害识别表格，会使用、会正确填报。

其三，要掌握原材料物性和设备工作原理。对各种异常情况，员工能够根据工作

原理作出正确判断。

其四，时时处处，识别危害，不给隐患以可乘之机。时间上，做到全过程识别。全过程识别包括三个时间段：作业前，员工要根据作业任务进行全面识别，进行事故预想，按照流程进行巡回检查，做好应急准备。作业中，员工要兼顾生产和安全的关系，不放松警惕，不麻痹大意，不放过任何一个疑点。作业后，要仔细检查，不给接班人员或者自己明天的工作留下隐患。

4.3.5.8 放过隐患，必有后患

中医有三种境界："上医治未病，中医治欲病，下医治已病。"就安全工作来讲，事故预防是第一位的。事前百分之一的预防，胜过事后百分之九十九的整改。

隐患治理是安全工作拖延不得的大事。发现隐患，当即就要采取行动。不能立即消除或者不能独立消除的，向上级报告是需要的，但不能坐等上级解决，很可能在等待的过程中事故就发生了，必须立即采取切实可行的补救措施，然后才可以按程序解决根本问题。

4.3.5.9 规章制度血写成，不要用血来验证

岗位责任制：把每样东西、每件事情，由谁管、负什么责任都落实到位，使每个人都知道他干什么、管什么、怎么管，达到什么程度以及自己的权利。这些规定清楚，就是岗位责任制。

对待制度和规程的态度：一是要知道敬畏，二是要懂得感恩。用感激的心情对待那些为制度诞生付出了沉重代价的人们。这些前辈，在制度不完善的情况下，用自己生命健康的代价，完成了一次探险，不要让他们的故事在我们身上重演。

4.3.5.10 习惯性违章，不能习惯性不管

习惯决定安全。好习惯让人一生平安，坏习惯让人祸事连连。习惯性违章：就是不良的作业传统和工作习惯。每个员工都要把"习惯性违章"变成"习惯性反违章"变成习惯性遵章。

4.4 不同人员的安全教育

4.4.1 新员工入厂"三级安全教育"

新员工入厂"三级安全教育"是指对进厂的新员工、转换岗位的员工以及实习生、临时员工等实行厂级安全教育、车间安全教育、班组安全教育。

4.4.1.1 新员工入厂安全教育的要求

（1）新入厂的工人在进入工作岗位前，必须由公司、车间、班组进行劳动保护和安全知识的初步教育，以减少由于缺乏安全技术知识而造成的各种人身伤害事故。

（2）公司厂级教育由人事部、设备部、安全办负责，车间级教育由各分厂负责；班组级教育由各车间、班组负责。

（3）各级安全教育必须经过考核合格后，方可上岗。

4.4.1.2 新员工入厂教育的内容

新员工入厂教育的内容，如图4-4所示。

新员工入厂教育

厂级教育
- 国家有关安全生产管理制度
- 公司各项管理制度
- 特殊工种安全技术知识
- 防火、防电、防毒知识
- 安全防护用品正确使用方法
- 公司内重大危险点及其安全防护注意事项
- 消防安全知识

车间教育
- 车间生产性质及主要工艺流程
- 预防工伤事故措施
- 车间重大危险点及其安全防护注意事项
- 车间案例

班组教育
- 岗位操作规程
- 安全防护知识
- 紧急救护和自救常识
- 车间内常见的安全标志、安全色
- 遵章守纪的重要性和必要性
- 事故案例

图4-4　新员工入厂教育的内容

车间安全教育主要介绍车间安全知识。

班组主要针对具体的作业进行教育。

4.4.1.3　新员工三级教育的记录

为对新员工的安全教育状况有一个确切的了解,企业通常会设计一些安全培训签到表、新员工入职三级教育记录卡等,作为班组长,有必要留意这些记录。

(1) 班组级安全培训签到表,如表4-4所示。

表4-4　班组级安全培训签到表

日　期				地　点			
参加人员	新入职员工			讲　师			
主要内容: 本班组的生产在线的安全生产状况,工作性质和职责范围,岗位工种的工作性质、工艺流程,机电设备的安全操作方法,各种防护设施的性能和作用,工作地点的环境卫生及尘源、毒源、危险机件、危险物品的控制方法,个人防护用品的使用和保管方法,本岗位的事故教训							
参加人员一览表							
序号	姓名	工号	工种	序号	姓名	工号	工种

(2) 车间级安全培训签到表,如表4-5所示。

表4-5　车间级安全培训签到表

日　期	地　点
参加人员　新入职员工	讲　师

续表

主要内容：
1. 本车间的生产和工艺流程
2. 本车间的安全生产规章制度和操作规程
3. 本车间的劳动纪律和生产规则，安全注意事项
4. 车间的危险部位，尘、毒作业情况；灭火器材、走火信道、安全出口的分布和位置

参加人员一览表									
序号	姓名	工号	工种	序号	姓名	工号	工种

（3）厂级安全培训签到表，如表4-6所示。

表4-6　厂级安全培训签到表

日　期		地　点	
参加人员	新入职员工	讲　师	

主要内容： 1．安全法律法规　　4．消防安全知识
　　　　　　　2．机械安全知识　　5．安全事故案例
　　　　　　　3．电气安全知识　　6．职业病预防与劳动防护

参加人员一览表								
序号	工号	姓名	部门	序号	工号	姓名	部门

续表

（4）新进人员三级安全教育卡，如表4-7所示。

表4-7　新进人员三级安全教育卡

新进人员三级安全教育卡		代号	
		编号	
姓名		性别		年龄		录用形式	
体检结果		从何处来		省　县（市）　乡（街）	
公司级教育（一级）	教育内容：国家、地方、行业安全健康与环境保护法规、制度、标准；本企业安全工作特点；工程项目安全状况；安全防护知识；典型事故案例等		
	考试日期		年　月　日	
	考试成绩		阅卷人		安全负责人	
工程公司级教育（二级）	教育内容：本车间施工特点及状况；工种专业安全技术要求；专业工作区域内主要危险作业场所及有毒、有害作业场所的安全要求和环境卫生、文明施工要求		
	考试日期		年　月　日	
	考试成绩		主考人		安全负责人	
班组级教育（三级）	教育内容：本班组、工种安全施工特点、状况；施工范围所使用工、机具的性能和操作要领；作业环境、危险源的控制措施及个人防护要求、文明施工要求		
	考试日期		年　月　日	
	掌握情况		安全员	
个人态度			年　月　日
准上岗人意见		批准人	
备注			
注：调换工种或因故离岗六个月后上班时亦用此表考核			

4.4.2 特种作业人员安全教育

特种作业是指在劳动过程中容易发生伤亡事故，对操作者和他人以及周围设施的安全有潜在重大危害的作业。特种作业人员，是指直接从事特种作业的从业人员。

4.4.2.1 特种作业及人员范围

特种作业及人员范围包括以下几种。

（1）电工作业。含发电、送电、变电、配电工，电气设备的安装、运行、检修（维修）、试验工，矿山井下电钳工。

（2）金属焊接、切割作业。含焊接工、切割工。

（3）起重机械作业。含起重机械司机、司索工、信号指挥工、安装与维修工。

（4）企业内机动车辆驾驶。含在企业内及码头、货场等生产作业区域和施工现场行驶的各类机动车辆的驾驶人员。

（5）登高架设作业。含2米以上登高架设、拆除、维修工，高层建（构）筑物表面清洗工。

（6）锅炉作业（含水质化验）。含承压锅炉的操作工、锅炉水质化验工。

（7）压力容器作业。含压力容器罐装工、检验工、运输押运工，大型空气压缩机操作工。

（8）制冷作业。含制冷设备安装工、操作工、维修工。

（9）爆破作业。含地面工程爆破工、井下爆破工。

（10）矿山通风作业。含主扇风机操作工、瓦斯抽放工、通风安全监测工、测风测尘工。

（11）矿山排水作业。含矿井主排水泵工、尾矿坝作业工。

（12）矿山安全检查作业。含安全检查工、瓦斯检验工、电器设备防爆检查工。

（13）矿山提升运输作业。含主提升机操作工、绞车操作工、固定胶带输送机操作工、信号工、拥罐（把钩）工。

（14）采掘（剥）作业。含采煤机司机、掘进机司机、耙岩机司机、凿岩机司机。

（15）矿山救护作业。

（16）危险物品作业。含危险化学品、民用爆炸品、放射性物品的操作工，运输押运工，储存保管员。

（17）经国家批准的其他作业。

4.4.2.2 特种作业人员的要求

特种作业人员必须具备以下基本条件。

（1）年龄满18周岁。

（2）身体健康，无妨碍从事相应工种作业的疾病和生理缺陷。

（3）初中（含初中）以上文化程度，具备相应工种的安全技术知识，参加国家规定的安全技术理论和实际操作考核并成绩合格。

（4）符合相应工种作业特点需要的其他条件。

4.4.2.3 特种作业人员的教育培训

特种作业人员必须接受与本工种相适应的、专门的安全技术培训，经安全技术理论考核和实际操作技能考核合格，取得特种作业操作证后，方可上岗作业。未经培训或培训考核不合格者，不得上岗作业。已按国家规定的本工种安全技术培训大纲及考核标准的要求进行教学，并接受过实际操作技能训练的职业高中、技工学校、中等专业学校毕业生，可不再进行培训而可以直接参加考核。

4.4.3 调岗、复工安全教育

调岗安全教育，是指职工调换工作岗位时进行的新操作方法和新工作岗位的安全教育。

复工安全教育，是指职工伤、病愈复工或经过较长的假期后，复工上岗前的安全教育。

在工厂中，对于调换工作岗位或是伤愈、休假后复工的人员，也需要进行安全教育。

4.4.3.1 调岗安全教育

（1）岗位调换

员工在车间内或厂内换工种，或调换到与原工作岗位操作方法有差异的岗位，以及短期参加劳动的管理人员等，这些人员应由接收单位进行相应工种的安全生产教育。

（2）教育内容

可参照"三级安全教育"的要求确定，一般只需进行车间、班组级安全教育。但调作特种作业人员，要经过特种作业人员的安全教育和安全技术培训，经考核合格取得操作许可证后方准上岗作业。

4.4.3.2 复工安全教育

复工安全教育，是指职工伤、病愈复工或经过较长的假期后，复工上岗前的安全教育。

复工教育的对象包括因工伤痊愈后的人员及各种休假超过3个月以上的人员。

（1）工伤后的复工安全教育

①对已发生的事故作全面分析，找出发生事故的主要原因，并指出预防对策。

②对复工者进行安全意识教育，岗位安全操作技能教育及预防措施和安全对策教育等，引导其端正思想认识，正确吸取教训，提高操作技能，克服操作上的失误，增强预防事故的信心。

（2）休假后复工安全教育

员工常因休假而造成情绪波动、身体疲乏、精神分散、思想麻痹，复工后容易因意志失控或者心境不定而产生不安全行为，导致事故发生，因此，要针对休假的类别，进行复工"收心"教育，即针对不同的心理特点，结合复工者的具体情况消除其思想上的余波，有的放矢地进行教育，如重温本工种安全操作规程，熟悉机器设备的性能，进行实际操作练习等。

对于因工伤和休假等超过3个月的复工安全教育，应由企业各级分别进行。经过教育后，由劳动人事部门出具复工通知单，班组接到复工通知单后，方允许其上岗操作。对休假不足三个月的复工者，一般由班组长或班组安全员对其进行复工教育。

4.4.4　班组安全教育的方法

安全教育的方法就是运用各种方法来开展安全教育，使员工掌握安全技能，从思想上接受改变。

4.4.4.1　反复进行

反复地讲给他们听，做给他们看，让他们看看，就能记住。知识教育要从各种角度去教；技能教育要达到直观、领会和掌握关键；态度教育可以举几个例子使每个人在思想上能够接受，以改变过去的认识和态度。

4.4.4.2　强化印象

不是抽象的、观念性的教法，而是以事实和事物具体地教，以刺激学习者，让他记在心里。

4.4.4.3 利用"五官"

根据教育内容，很好利用眼、耳、口、鼻、皮肤等任何一项的感觉进行教授。

4.4.4.4 利用专栏、板报进行安全教育

即将安全教育的内容以看板的形式展示出来。

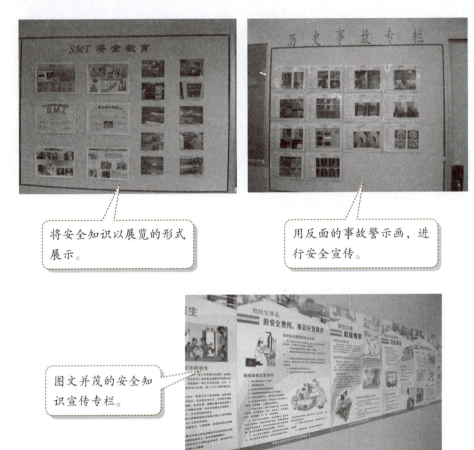

将安全知识以展览的形式展示。

用反面的事故警示画，进行安全宣传。

图文并茂的安全知识宣传专栏。

4.5 开展班组安全活动

4.5.1 班前会

班前会是各班组在正式上岗前，由班组长主持、班组员工参加，以班组为单位集合召开的工作会议，是班组考核员工签到、安排当班具体工作、形势任务教育每天必开的例会，是对当班安全生产的指导、分析、鼓励、动员，并对当班可能出现的安全危险因素伤害和职业健康危害的预知预警的工作安排会，也是广大职工了解当前形势和企业生产经营情况的主要途径。

4.5.1.1 班前安全会的基本要求

（1）在所有班组中，无论是正常交接班，还是安排临时、重大作业前，凡两人以上（含两人）在同一工作场所作业的，必须由班长（或临时负责人）负责对员工进行班前安全讲话。

班前安全会必不可少。

（2）每次安全讲话时间要控制在5～8分钟以内。讲话前，讲话人要结合与本岗位有关各因素，事前作好充分的讲话内容准备，最好用讲话稿讲话，并保留讲话稿。

4.5.1.2 班组长的事前准备

（1）提前到现场了解情况

班组长应提前到工作现场，查看上一班的记录，认真听取上一班班长交接班情况，详细记录上班是否有不正常情况，掌握第一手材料；与部门（车间）领导联系，是否有重要制度或会议精神、文件需要传达，领导是否需要参会。组织学习公司制度、会议精神。

（2）开会前要认真整理准备会议内容

班组长在开会前要将上一班的安全、工艺、设备、生产状况等方面存在的问题及经验进行归纳，客观、全面、细致地总结，对存在的问题要认真分析，拿出解决问题的具体办法，确保本班不再发生类似现象。

4.5.1.3 班前安全会的流程

（1）班前签到

必须要求当班人员在班前15分钟到齐，班组长或指定考勤员组织当班人员签到，作为考勤的依据。这一般要求在3分钟内完成。

（2）列队、检查仪表及劳保用品的穿戴

①由班长（或其他讲话人）组织员工列队。

②由班长(或其他讲话人)目视观察(确认)员工人数、表情(情绪)和劳动保护用品的穿戴穿戴情况,如有不符合着装规定的,人数较多的班组,班长可以让员工相互整理着装;人数较少的班组,如3人以下,班长可以亲自为员工整理着装。

凡精神状态不佳者,班组长均应引起足够的重视,对其工作安排要有所考虑或另作调整使用。

(3)传达精神

按照上级要求传达上级会议精神,或者学习某个文件、材料。

(4)安全提示

本班当日作业前安全预测及防范措施,设备在使用中可能出现的隐患及预防措施;提示周边和自然环境、气候变化可能出现的风险及预防措施等。

(5)工作布置

①明确本班员工当班的主要工作任务(包括加油、保洁、整理物品、学习)。

②明确本班员工岗位职责。

③明确本班员工在发生或出现突发事故时的分工。

班长讲完话以后,最好是随机挑选三个普通员工询问了解情况,确保关键精神落实到每个职工。

对于班前会,如果企业没有一个规定的模式或流程的话,班组长可以自己整理出一个流程出来,这样,每次开起班前会来就很规范、很正式,班组成员也就会真正地重视起班前会,表4-8是某工厂班前会的流程、内容、标准及时间要求。

表4-8 班前会的流程、内容、标准及时间要求

序号	阶段名称	工作内容	实施标准	时间要求
1	班前准备	(1)确认本班当日生产计划、型号、时间、材料及备货等要求	任务细化分配到每个岗位每名员工	上班前

续表

序号	阶段名称	工作内容	实施标准	时间要求
1	班前准备	（2）确认上班生产情况	收集上班质量、安全、环境问题的通报材料	上班前
		（3）检查现场设备、工器具、交接班记录及环境	现场巡视记录并组织通报材料	上班前
		（4）收集事故通报、学习文件、现场案例等	相关文件、素材、材料整理，组织发言材料	上班前
2	班前会集合	（1）集合	班组全员在班前5分钟到班组活动室集合	班前5分钟
		（2）班长检查着装、劳保用品穿戴、人员出勤、上岗证等	劳防用品及着装规范、上岗证及操作证随时佩戴等，准时出勤	20秒检查完毕
		（3）班长观察班组人员情况	观察员工精神状态，是否精神恍惚，是否有黑眼圈熬夜，是否感冒生病，是否喝酒等	10秒观察完毕
3	班前会	（1）班前点名，记录考勤	班长宣读姓名，班组成员听到后喊"到"，声音洪亮，保证每位员工听清楚	40秒完成
		（2）喊口号或唱厂歌、会前破冰活动	班长带头，重复三次，统一口号	15秒完成
		（3）宣布班前会开始，公布上班现场情况和存在的问题，如产量、质量、安全、设备、环境、交接班情况等并对存在的不足和要求的整改措施进行讲解分析	简洁扼要，数据为主，着重强调问题	1分钟
		（4）学习公司文件或会议精神，传达部门（车间）要求	文件学习要有记录和人员签到	2分钟

续表

序号	阶段名称	工作内容	实施标准	时间要求
3	班前会	（5）工作部署，今日生产品种、产量、质量及时间要求，依据当班工作内容向组员进行安全预知教育及注意事项和可能发生的问题与对策	工作布置要按5W1H要求表述清晰明确并与员工确认，安全预知等要针对实际生产有针对性	1分钟
		（6）安全工作提醒宣贯，事故通报、岗位规程、应急预案、危险源讲解、异常情况处理等	要求每班内容都不一样，每两周可重复强调一次	1分钟
		（7）宣传和讲解生产工作操作注意事项，明确注意的事项和处理方法	根据近一时期生产出现的问题给予强调	1分钟
		（8）班长带领齐喊口号或唱厂歌，宣布结束，员工签字确认后回岗位工作，班长按要求记录台账并放置于指定区域	班长带头，唱厂歌一遍或喊口号三遍，口号统一，声音整齐响亮，签字确认后方可回岗位，台账放置在指定区域	40秒

4.5.2　班后会

班后会是一天工作结束或告一段落，在下班前由班组长主持召开的一次班组会。班后会以讲评的方式，在总结、检查（某种意义上来说也是一次小的评比）生产任务的同时，总结、检查安全工作，并提出整改意见。班前会是班后会的前提与基础，班后会则是班前会的继续和发展。

4.5.2.1　班后会的基本要求

（1）班后会必须全员参加，对迟到或未参加班后会的人员，事后要及时补会。

（2）班后会召开时间不要太长，通常为10分钟。

> 班后会，就当班的生产信息等进行有效沟通。

4.5.2.2 班后会的主要内容

班后会的主要内容如下所述。

（1）简明扼要地小结完成当天生产任务和执行安全规程的情况，既要肯定好的方面，又要找出存在的问题和不足。

（2）对工作中认真执行规程制度、表现突出的员工进行表扬；对违章指挥、违章作业的职工视情节轻重和造成后果的大小，提出批评或进行考核处罚。

（3）对人员安排、作业（操作）方法、安全事项提出改进意见，对作业（操作）中发生的不安全因素、现象提出防范措施。

（4）要全面、准确地了解实际情况，使总结讲评具有说服力。

（5）注意工作方法，做好"人"的思想工作。以灵活机动的方式，激励员工安全工作的积极性，增强自我保护能力，帮助他们端正态度，克服消极情绪，以达到安全生产的共同目的。

安全记录是以书面的形式记录会议的情况，以便跟踪和了解。不管是班前会还是班后会，都一定要有记录，如表4-9和表4-10所示。

表4-9　班前会记录

班组负责人：		
班前会时间：　年　月　日　时　分	地点：	
班组负责人：	记录人：	
当日工作任务		
任务现场危害识别	备注：①液体　②气体　③温度　④压力　⑤可燃性　⑥腐蚀性　⑦毒性　⑧辐射性　⑨高处　⑩其他（请注明）	
布置安全措施及交代安全注意事项		

续表

布置安全措施及交代安全注意事项	备注： A清理：A1氮气置换 A2空气吹扫 A3化学清洗 A4水洗 A5蒸煮 A6泄压 A7排气 A8排液 A9其他（请注明） A10气体检测合格 B隔离：B1双重隔离 B2双隔断阀 B3单隔断阀 B4其他（请注明） B5已上锁挂牌 C液/气泄漏的控制设备：C1抽吸系统 C2通风系统 C3安全冲淋 C4消防设施设备 C5水管 C6泄漏收集桶 C7沙袋 C8吸油物品 C9连接火炬 C10区域隔离或警戒线 C11其他（请注明） D个人防护装备：D1防静电服装 D2安全帽 D3安全鞋 D4手套 D5安全眼镜 D6全封闭眼罩 D7正压式呼吸器 D8便携式硫化氢报警仪 D9防毒面罩 D10安全带 D11耳罩 D12化学防护服 D13其他（请注明）		

	班长检查项目		备注
检查衣着劳保	班组人员是否按劳动保护要求着装	是□ 否□	
检查健康状况	班组人员身体状况是否良好	是□ 否□	
检查安全工具及防护用品	安全帽是否符合要求	是□ 否□	
	安全带是否符合要求	是□ 否□	
	正压式空气呼吸器是否符合要求（压力、消毒）	是□ 否□	
	便携式硫化氢报警器是否能正常使用	是□ 否□	
	绝缘手套、绝缘鞋是否合格	是□ 否□	
	护目镜（面罩）是否符合要求	是□ 否□	
	其他安全防护用品是否满足要求	是□ 否□	
检查工作环境	工作间是否整洁	是□ 否□	
检查作业工具	检查作业工器具是否符合作业要求	是□ 否□	
班组人员签名			

表4-10　班后会记录

班组负责人：

班前会时间：　　年　　月　　日　　时　　分　　地点：

班组负责人：　　　　　　　　　　　　记录人：

工作完成情况

当日安全自查情况		备注
1. 有无违章指挥现象	有 □　无 □	
2. 有无违章作业现象	有 □　无 □	
3. 有无违反现场劳动纪律现象	有 □　无 □	
4. 有无不懂操作、不会操作现象	有 □　无 □	
5. 班组人员施工中有无精神、行为上的异常现象	有 □　无 □	
6. 劳动防护用品有无异常现象	有 □　无 □	
7. 安全工器具有无异常现象	有 □　无 □	
8. 施工工器具有无异常现象	有 □　无 □	
9. 施工工器具有无遗失现象	有 □　无 □	
10. 作业环境有无异常变化现象	有 □　无 □	
11. 安全措施是否按工作票执行	是 □　否 □	
12. 工作过程中监护是否到位	是 □　否 □	
13. 现场危险点分析是否正确到位	是 □　否 □	
14. 工作完成是否清理工作现场	是 □　否 □	

当日安全自查情况	备注
工作小结	
班组人员签名	

4.5.3 KYT危险预知训练活动

危险预知训练活动简称KYT（Kiken Yochi Training），是针对生产的特点和作业工艺的全过程，以其危险性为对象，以作业班组为基本组织形式而开展的一项安全教育和训练活动，它是一种群众性的"自我管理"活动，目的是控制作业过程中的危险，预测和预防可能发生的事故。

4.5.3.1 KYT的起源

KYT起源于日本住友金属工业公司的工厂，后经三菱重工业公司和长崎赞造船厂发起的"全员参加的安全活动"，经中央劳动灾害防止协会的推广，形成了技术方法。它获得了广泛的运用，遍及各个企业，我国宝钢首先引进了此项技术。

4.5.3.2 KYT的适用范围

通用的作业类型和岗位相对固定的生产岗位作业；正常的维护检修作业；班组间的组合（交叉）作业；抢修抢险作业。

4.5.3.3 班组危险预知活动的目的

（1）描写作业情况。
（2）找出班组作业现场隐藏的危险要因和有可能导致的后果。
（3）组织一起讨论、协商，指点确认危险点或重点实施事项。
（4）找出危险点控制的措施，并予以训练，使其标准化。

4.5.3.4 危险预知活动的实施

（1）实施要点
通过小集团活动，运用解决问题的四步循环来开展危险预知活动如表4-11所示。

表4-11 解决问题的四步循环

	KYT	实施点
观察↓ 1R 把握事实（现状把握）	存在什么潜在危险	基本是现场的现物
考虑↓ 2R 找出本质（追究根本）	这是危险的关键点	不遗漏任何危险部位
评价↓ 3R 树立对策	如果是你的话怎么做	可实施的具体对策
决定↓ 4R 决定行动计划（目标设定）	我们应该当这么做	对~这么~（唱和）
实践		责任者、日程
总结/评价		全体成员

（2）危险预知活动的实施步骤和基本方法

危险预知活动的实施步骤如图4-5所示。可选定图片或以工作中的某个情景，班组长介绍内容，大家分析。

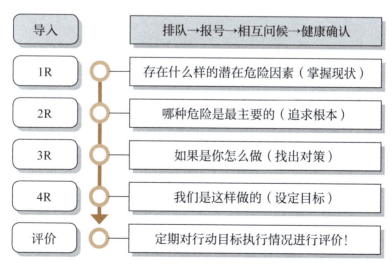

图4-5 危险预知活动的实施步骤

危险预知活动实施的基本方法如表4-12所示。

表4-12　KYT实施的基本方法

步骤		操作说明
1R	掌握现状：到底哪些是潜在的危险因素（最好结合大家熟悉的或岗位的危险源为对象）	认为发现哪个地方比较危险，会出现什么事故，叫大家找出来 （1）叫大家举手发言； （2）假定一下将来可能出现什么样的危险及可能的事故； （3）把危险因素通过大家列5~7个项目； （4）小组一般5~7人，每人至少提一条，太多解决起来就成问题
2R	追求根本：这才是主要危险的因素	（1）每人指出1~2条认为最危险的项目，在认为有问题的项目画一个"○"； （2）问题集中、重点化，最后形成大家公认的最危险的项目（合并为1~2个项目）；画"◎"的项目为主要的危险因素； （3）列出集中化的1~2项。 表述为："由于…原因导致发生…的危险"，全部写出，领导读两遍，然后带着成员跟着读两遍。领导用手指着喊
3R	找出对策：如果是你怎么做	想对策，怎么解决问题，对最先解决的问题，每一个人拿出一个措施 （1）根据最危险的因素，每人提出1~2条具体可实施的对策措施； （2）把对策措施5~7项合并为1~2项最可行的对策
4R	设定目标：我们是这样做的	想出对策，每人设一目标，如果是我怎么办，如果是你怎么办 （1）合并为1~2项（按照带标记的项目是重点实施项目） （2）设定团队行动目标； （3）用手指着喊两遍：领导——喊一遍"……（干）好！……（干）好"全员——喊两遍

（3）情景演练

以下为某企业KYT活动的演练，请参考学习。

> **情景：**
> 　　驾驶叉车的A员工，由于出库过迟，急于要将材料搬出；路线一边的B员工正作业未注意来车，如下图所示。

（4）实施时的注意事项

员工危险感知度不是一次就能做好的，必须坚持反复训练，坚持使用PDCA循环进行固化、改善和提高，如图4-6所示。

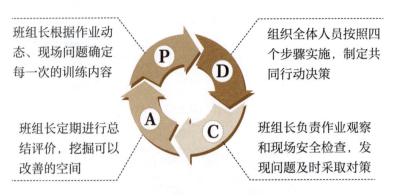

图4-6　危险预知训练的PDCA循环

4.5.3.5　KYT活动卡片的填写与管理

（1）卡片的内容及填写

KYT活动卡片的内容应针对现场实际情况认真填写记录，且必须在现场和作业开始前完成，签字一栏必须是作业人员本人。

对卡片中危险因素的查找及描述，应针对各个作业环节可能产生的危险因素、人的不安全行为和可能导致的后果，前后要有因果关系的表述。对发现的重要危险因素要采取相应的防范措施。如表4-13所示。

表4-13　KYT活动表

作业地点		作业时间						
作业人员		负责人						

作业内容	危险因素描述（危害及后果）	类别（4M1E）					重要性		对策
		人	机	料	法	环	其他	重要	一般

确认人：　　　　　　　　　　　　　　班长：

（2）卡片的管理

KYT卡片的收集整理要有专人负责，并编制成册加以保存。卡片的保存时间一般为班组半年和车间一年，保存期间的卡片要作为班组员工开展安全教育的材料，供开展KYT训练活动使用。

4.5.4　危险源辨识活动

避免工伤事故和职业危险，最切实、最有效的办法是找准工作中的危险源，采取切实有效的措施控制好危险源。

危险源辨识活动就是识别危险源并确定其特性的过程。危险源辨识不但包括对危险源的识别，而且必须对其性质加以判断。辨识完之后要做的工作就是危险源管理。

某班组利用危险源的分析方法，在某机器大修前进行了危险源分析。班组成员分别对人、机械、电气、化学、辐射、高处坠落、地面滑跌等几个方面进行了危险源分析。找出哪些因素会造成人员触电，哪些因素会造成人身遭受机械外力的伤害，工作中使用的化学物品哪些对人体有害，周围有无电磁辐射，涉及高处作业的工作有哪些，安全带有无可靠的悬挂点等。设备方面针对以往的检修记录、日志，依据设备检修和运行中故障出现的频次，找出设备的薄弱环节，找出哪些部位容易出故障，哪些部位容易受到损伤，哪些会人为地造成设备的损伤。针对分析的结果，进行风险评价，提出危险控制点，制订一系列相应的防范措施，并明确要求全体人员在检修工作中严格遵守安全规程，严格执行设备检修工艺标准。工作中如遇有疑问事项必须及时提出，需要时时保持高度的警觉，遇有异常情况，立即停止工作，待查明原因后再开始工作。

由于班组事先对危险源进行了分析评价，并及时制订了相应防范措施，能够有效地控制和减少班组的不安全现象，提供班组的安全工作环境，提高工作效率，杜绝事故发生。

危险源是指一个系统中具有潜在能量和物质释放危险的、在一定的触发因素作用下可转化为事故的部位、区域、场所、空间、岗位、设备及位置。

4.5.4.1　危险源的分类

危险源是生产作业中潜在的不安全因素，如不对其进行防护或预防，有可能导致事故发生。根据危险源在事故发生、发展中的作用，可将危险源分为两类，即第一类危险源和第二类危险源。

（1）第一类危险源

根据能量意外释放论，事故是由能量或危险物质的意外释放造成的，过量的能量或干扰人体与外界能量交换的危险物质，是造成人员伤害的直接原因。因此，把系统中存在的、可能发生意外释放的能量或危险物质称作第一类危险源。例如，带电的导体、奔驰的车辆等。

①常见的第一类危险源。表4-14列出了工业生产过程中常见的可能导致伤亡事故的第一类危险源。

表4-14 伤害事故类型与第一类危险源

事故类型	能量源或危险物的产生、储存	能量载体或危险物
物体打击	产生物体落下、抛出、破裂、飞散的设备、场所、操作	落下、抛出、破裂、飞散的物体
车辆伤害	车辆，使车辆移动的牵引设备、坡道	运动的车辆
机械伤害	机械的驱动装置	机械的运动部分、人体
起重伤害	起重、提升机械	被吊起的重物
触电	电源装置	带电体、高跨步电压区域
灼烫	热源设备、加热设备、炉、灶、发热体	高温物体、高温物质
火灾	可燃物	火焰、烟气
高处坠落	高度差较大的场所，人员借以升降的设备、装置	人体
坍塌	土石方工程的边坡、料堆、料仓、建筑物、构筑物	边坡土（岩）体、物料、建筑物、构筑物、载荷
冒顶片帮	矿山采掘空间的围岩体	顶板、两帮围岩
放炮、火药爆炸	炸药	
瓦斯爆炸	可燃性气体、可燃性粉尘	
锅炉爆炸	锅炉	蒸汽
压力容器爆炸	压力容器	内容物
淹溺	江、河、湖、海、池塘、洪水、储水容器	水
中毒窒息	产生、储存、聚积有毒有害物质的装置、容器、场所	有毒有害物质

②产生、供给能量的装置、设备。产生、供给人们生产、生活活动能量的装置、设备，是典型的能量源。如变电所、供热锅炉等，运转时供给或产生很高的能量。

③使人体或物体具有较高势能的装置、设备、场所。使人体或物体具有较高势能的装置、设备、场所相当于能量源。如起重、提升机械、高度差较大的场所等，使人体或物体具有较高的势能。

④能量载体。拥有能量的人或物。如运动中的车辆、机械的运动部件、带电的导体等，本身具有较大能量。

⑤一旦失控可能产生巨大能量的装置、设备、场所。在正常情况下按人们的意图进行能量的转换和做功，在意外情况下可能产生巨大能量的装置、设备、场所。如反应强烈放热的化工装置，充满爆炸性气体的空间等。

⑥一旦失控可能发生能量蓄积或突然释放的装置、设备、场所。正常情况下多余的能量被释放而处于安全状态，一旦失控时发生能量的大量蓄积，其结果可能导致大量能量的意外释放的装置、设备、场所。如各种压力容器、受压设备，容易发生静电蓄积的装置、场所等。

⑦危险物质。除了干扰人体与外界能量交换的有害物质外，也包括具有化学能的危险物质。具有化学能的危险物质分为可燃烧爆炸危险物质和有毒、有害危险物质两类。可燃烧爆炸危险物质指能够引起火灾、爆炸的物质，按其物理化学性质分为可燃气体、可燃液体、易燃固体、可燃粉尘、易爆化合物、自燃物质、忌水物质和混合危险物质八类；有毒、有害危险物质指直接加害于人体，造成人员中毒、致病、致畸、致癌等的化学物质。

⑧生产、加工、储存危险物质的装置、设备、场所。这些装置、设备、场所在意外情况下可能发生其中的危险物质起火、爆炸或泄漏等意外。如炸药的生产、加工、储存设施，化工、石油化工生产装置等。

⑨人体一旦与之接触将导致人体伤害的物体。物体的棱角、工件的毛刺、锋利的刀等，一旦运动中的人体与之接触就易遭受伤害。

（2）第二类危险源

导致能量或危险物质约束或限制措施发生破坏或失效的各种因素称作第二类危险源。它包括人、物、环境三个方面的问题（如表4-15所示）。

第二类危险源往往是围绕第一类危险源随机发生的现象，它们出现的情况决定事故发生的可能性。第二类危险源出现得越频繁，发生事故的可能性就越大。

表4-15 第二类危险源的因素及影响

因素		说明	影响
人	不安全行为	一般指明显违反安全操作规程的行为，这种行为往往直接导致事故发生。例如，不断开电源就带电修理电气线路而发生触电等	可能直接破坏对第一类危险源的控制，造成能量或危险物质的意外释放；也可能造成物的不安全因素问题，物的不安全因素问题进而导致事故。例如，超载起吊重物造成钢丝绳断裂，发生重物坠落事故
	人失误	指人的行为的结果偏离了预定的标准。例如，合错了开关使检修中的线路带电，误开阀门使有害气体释放等	
物	物的不安全状态	指机械设备、物质等明显的不符合安全要求的状态。例如，没有防护装置的转动齿轮、裸露的带电体等	可能直接使约束、限制能量或危险物质的措施失效而发生事故。例如，电线绝缘损坏发生漏电；管道破裂使其中的有毒有害介质泄漏等。有时一种物的故障可能导致另一种物的故障，最终造成能量或危险物质的意外释放。例如，压力容器的泄压装置故障，使容器内部介质压力上升，最终导致容器破裂
	物的故障（或失效）	指机械设备、零部件等由于性能低下而不能实现预定功能的现象	
环境		主要指系统运行的环境，包括温度、湿度、照明、粉尘、通风换气、噪声和振动等物理环境以及企业和社会的软环境	不良的物理环境会引起物的不安全因素问题或人的因素问题。例如，潮湿的环境会加速金属腐蚀而降低结构或容器的强度；工作场所强烈的噪声影响人的情绪，分散人的注意力而引发人失误。企业的管理制度、人际关系或社会环境影响人的心理，可能造成人的不安全行为或人失误

（3）两类危险源的关系

一起事故的发生是两类危险源共同作用的结果。第一类危险源的存在是事故发生的前提，第二类危险源的出现是第一类危险源导致事故的必要条件。

第二类危险源的控制应该在第一类危险源控制的基础上进行，与第一类危险源的控制相比，第二类危险源是围绕第一类危险源随机发生的现象，对它们的控制更困难。

4.5.4.2 辨识危险源的步骤

各班组在辨识危险源时，应按照一定的步骤进行，具体如图4-7所示。

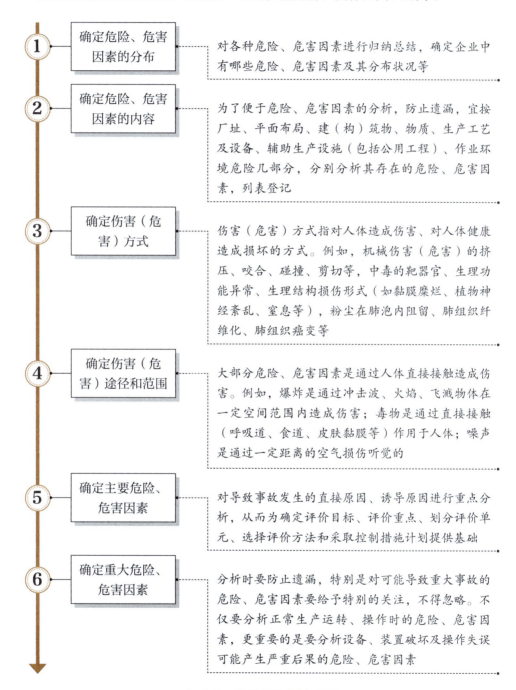

图4-7 辨识危险源的步骤

4.5.4.3 辨识危险源的方法

辨识危险源的方法有许多，具体如图4-8所示。

图4-8 辨识危险源的方法

危险源辨识的方法说明如表4-16所示。

表4-16 危险源辨识的方法说明

序号	方法	具体说明
1	询问、交谈	在企业中，有丰富工作经验的老员工，往往能指出其工作中的危害。从指出的危害中，可初步分析出工作中所存在的一、二类危险源
2	问卷调查	问卷调查是通过事先准备好的一系列问题，通过到现场察看及与作业人员交流沟通的方式，来获取职业健康安全危险源的信息
3	现场观察	通过对作业环境的现场观察，可发现存在的危险源。从事现场观察的人员，要求具有安全技术知识并掌握了职业健康安全法规、标准
4	查阅有关记录	查阅企业的事故、职业病的相关记录，可从中发现存在的危险源
5	获取外部信息	从有关组织、文献资料、专家咨询等方面获取有关危险源信息，加以分析研究，可辨识出存在的危险源
6	工作任务分析	通过分析组织成员工作任务中所涉及的危害，可以对危险源进行识别
7	危险与可操作性研究（HAZOP）	危险与可操作性研究（Hazard and Operability Study），是一种对工艺过程中的危险源实行严格审查和控制的技术。它是通过指导语句和标准格式寻找工艺偏差，以辨识系统存在的危险源，并确定控制危险源风险的对策
8	安全检查表（SCL）	运用已编制好的安全检查表（Safety Check List），对企业进行系统的安全检查，可辨识出存在的危险源

续表

序号	方法	具体说明
9	事件树分析（ETA）	事件树分析（Event Tree Analysis），是一种从初始原因事件起，分析各环节事件"成功（正常）"或"失败（失效）"的发展变化过程，并预测各种可能结果的方法，即时序逻辑分析判断方法。应用这种方法对系统各环节事件进行分析，可辨识出系统的危险源
10	故障树分析（FTA）	故障树分析（Failure Tree Analysis）是一种根据系统可能发生的或已经发生的事故结果，去寻找与事故发生有关的原因和规律。通过这样一个过程分析，可辨识出系统中导致事故的有关危险源

上述各种方法有着各自的优缺点，组织在辨识危险源时应采用其中的一种或多种方法。

4.5.5 班组安全检查

开展班组安全生产检查，是根据上级有关安全生产的方针、政策、法令、指示、决议、通知和各种标准，运用系统工程的原理和方法，识别生产活动中存在的物的不安全状态、人的不安全行为，以及生产过程中潜在的职业危害。

4.5.5.1 班组安全检查的内容

班组安全检查的内容如表4-17所示。

表4-17 班组安全检查的内容

序号	要点	检查内容
1	思想、纪律方面	（1）员工是否树立"安全第一"的思想，安全责任心是否强 （2）员工是否掌握安全操作技能和自觉遵守安全技术操作规程，以及各种安全生产制度，对于不安全的行为是否敢于纠正和制止 （3）员工是否严格遵守劳动纪律 （4）员工是否做到安全文明生产 （5）员工是否正确、合理穿戴和使用个人防护用品、用具
2	法规制度的执行方面	（1）检查本班组是否贯彻了国家有关安全生产的方针政策和法规制度，对安全生产工作的认识是否正确 （2）是否建立和执行了班组安全生产责任制 （3）是否贯彻执行了安全生产"五同时" （4）对伤亡事故是否坚持做到了"四不放过"

续表

序号	要点	检查内容
2	法规制度的执行方面	（5）特种作业人员是否经过培训、考核、凭证操作 （6）班组的各项安全规章制度是否建立与健全，并严格贯彻执行
3	检查生产现场是否存在物的不安全状态	（1）检查设备的安全防护装置是否良好。防护罩、防护栏（网）、保险装置、连锁装置、指示报警装置等是否齐全、灵敏、有效，接地（接零）是否完好 （2）检查设备、设施、工具、附件是否有缺陷。制动装置是否有效，安全间距是否合乎要求，机械强度、电气线路是否老化、破损，超重吊具与绳索是否符合安全规范要求，设备是否带"病"运转或超负荷运转 （3）检查易燃易爆物品和剧毒物品的储存、运输、发放和使用情况，是否严格执行了制度，通风、照明、防火等是否符合安全要求 （4）检查生产作业场所和施工现场有哪些不安全因素。有无安全出口，登高扶梯、平台是否符合安全标准，产品的堆放、工具的摆放、设备的安全距离、操作者安全活动范围、电气线路的走向和距离是否符合安全要求，危险区域是否有护栏和明显标志等
4	检查员工是否存在不安全行为和不安全的操作	（1）检查有无忽视安全技术操作规程的现象。比如：操作无依据、没有安全指令、人为的损坏安全装置或弃之不用，冒险进入危险场所，对运转中的机械装置进行注油、检查、修理、焊接和清扫等 （2）检查有无违反劳动纪律的现象。比如：在作业场所工作时间开玩笑、打闹、精神不集中、脱岗、睡岗、串岗、滥用机械设备或车辆等 （3）检查日常生产中有无误操作、误处理的现象。比如：在运输、起重、修理等作业时信号不清、警报不鸣，对重物、高温、高压、易燃、易爆物品等作了错误处理，使用了有缺陷的工具、器具、起重设备、车辆等 （4）检查个人劳动防护用品的穿戴和使用情况。比如：进入工作现场是否正确穿戴防护服、帽、鞋、面具、眼镜、手套、口罩、安全带等，电工、电焊工等电气操作者是否穿戴超期绝缘防护用品、使用超期防毒面具等 （5）及时发现并积极推广安全生产先进经验。安全生产检查不仅要查出问题，消除隐患，而且要发现安全生产的好典型，并进行宣传、推广，掀起学习安全生产经验的热潮，进一步推动安全生产工作的进行

4.5.5.2 安全检查结果的处理

安全检查应做好详细的检查记录，对检查的结果和存在的问题，按企业规定的职责范围分级落实整改措施，限期解决，并定期复查。如表4-18所示。

表4-18 班组安全生产日常检查表

检查内容 \ 结果 \ 日期	___日 上午	___日 下午	___日 上午	___日 下午	___日 上午	___日 下午	___日 上午	___日 下午	___日 上午	___日 下午
1. 机械操作员是否违反操作规程										
2. 机械危险部位是否有安全防护装置										
3. 机械防护装置是否安全有效										
4. 机械设备是否有操作规程标志										
5. 员工是否按要求佩戴防护用品										
6. 员工是否按要求着装										
7. 员工是否把饮水和食物带入车间										
8. 货物摆放是否整齐平稳不超高										
9. 货物是否堵塞灭火器材和通道										
10. 工作台电线、插头是否有裸露脱落										
11. 测试仪是否有绝缘防护										
12. 员工工位是否被货物或台凳堵塞										
13. 车间照明、通风、温度是否正常										
14. 电源线路、开关掣是否正常										
15. 危险品是否贴有中文标志										
16. 是否用有盖压力瓶装危险液体										

续表

检查内容 \ 结果 \ 日期	__日		__日		__日		__日		__日	
	上午	下午	上午	下午	上午	下午	上午	下午	上午	下午
17. 危险品是否远离火源热源										
18. 岗位上是否放有过量的危险品										
19. 电烙铁、风筒是否符合安全要求										
20. 员工是否经过岗位安全培训										
21. 员工是否违反工作纪律										

说明：请根据检查情况在"结果"栏内打"√"或"×"，有问题及时整改，并做好记录，如无法整改的要立即向部门主管报告，直到问题解决为止。

班组负责人：_____ 部_____组
检查人：_____   部门安全员：_____

（1）对不能及时整改的隐患，要采取临时安全措施，提出整改方案，报请上级主管部门核准。

（2）不论哪种方式的检查，都应写出总结，提出分析、评价和处理意见。

（3）对安全生产情况好的，应提出奖励；对安全生产情况差的，应提出批评和建议。要总结经验，吸取教训，达到检查的目的。

4.5.6 班组"事故预案"演练活动

"事故预案"是班组成员根据岗位中的工作内容预测可能发生的事故，并运用安全管理的科学方法，找出可行的预防措施，以及一旦发生事故后的应急处理方案的一种班组安全管理方式。班组作为生产安全事故最直接的接触层，是生产安全事故救援方案的重要执行者，其成员最有可能成为受害者，因此班组生产安全事故预案的重点在于结合现场生产实际，做好每轮班的事故预想，并不断进行讨论、补充、修订。

4.5.6.1 事故预案

（1）事故预案的制订步骤

①细分"工作内容"和"事故"。

尽管多数班组从事的工作和使用的工具设备等相对固定，但由于生产的需要，班组的工作也会作相应的调整。为了便于预测事故，必须把工作内容细化，如"清扫皮带积料""搭脚手架""加工超长工件""抽煤气盲板"等。

有的工作内容可能容易引发几种类型的事故，此时应分析事故发生的概率或伤害程度，对概率最大的事故或伤害程度最重的事故优先进行预测分析。如某厂机修车间车工班，工作任务是加工螺纹，可能发生的事故有绞伤、砸伤、刺伤、铁屑伤眼、摔伤等，根据历年事故统计，绞伤比例最大、伤害程度最重，则应优先对绞伤事故进行分析，然后再对其他类型的事故分别进行分析。

②制定可行的"预防措施"。

产生事故的原因有许多种，人、物、环境及其他一些因素都可能导致事故的发生，要根据不同的原因分别找出预防措施。

③确定事故发生后的"处理方法"。

尽管"事故预案"制订了预防措施，但如果措施未落实或因其他个人因素，如疾病、饮酒、打闹等，仍然会导致事故的发生，因此，如何正确地处理事故非常重要。一定要根据现场实际情况沉着冷静地采取正确的方式，把事故损失降低到最低，尽可能避免事故的扩大。以绞伤为例，处理方法如下所示。

◆立即停车，挂空挡。

◆盘车立即退出伤者，严禁拽拉伤者，避免伤情扩大，并及时送往医院。

◆抢救。

◆保护事故现场，立即报告安全部门或上级有关部门。

（2）事故预案工作的注意事项

做好"事故预案"工作，还应做到以下几点。

①"事故预案"必须经过班组集体讨论，共同想办法、提建议，员工对预案具体内容必须清楚明白。

②预防措施必须做到条条落实。

③安全人员要经常到班组指导工作，加强安全考核。

④内容要针对实际情况，与班组工作融为一体，与安全操作规程相结合，形成一个整体。只有这样，才能真正发挥"事故预案"应有的作用。

4.5.6.2 应急演练

为适应突发事故应急救援的需要，定期、有计划地进行演练，可以加强应急指挥部及各成员之间的协同配合,从而提高应对突发事故的组织指挥、快速响应及处置能力,营造安全稳定的氛围。

(1)应急演练的目的

应急演练有五大目的,如表4-19所示。

表4-19　应急演练的五大目的

序号	目的	说明
1	检验预案	通过开展应急演练,查找应急预案中存在的问题,进而完善应急预案,提高应急预案的可用性和可操作性
2	完善准备	通过开展应急演练,检查应对突发事件所需应急队伍、物资、装备、技术等方面的准备情况,发现不足及时予以调整补充,做好应急准备工作
3	锻炼队伍	通过开展应急演练,增强演练组织部门、参与部门和人员对应急预案的熟悉程序,提高其应急处置能力
4	磨合机制	通过开展应急演练,进一步明确相关部门和人员的职责任务,完善应急机制
5	科普宣传	通过开展应急演练,普及应急知识,提高员工风险防范意识和应对突发事故时自救互救的能力

(2)应急演练的基本要求

①结合实际,合理定位。紧密结合应急管理工作实际,明确演练目的,根据资源条件确定演练方式和规模。

②着眼实战,讲求实效。以提高应急指挥人员的指挥协调能力、应急队伍的实战能力为着重点,重视对演练效果及组织工作的评估,总结推广好经验,及时整改存在的问题。

③精心组织,确保安全。围绕演练目的,精心策划演练内容,周密组织演练活动,严格遵守相关安全措施,确保演练参与人员及演练装备设施的安全。

④各部门要制定应急演练方案并交安全部审核,演练方案应包括演练部门、时间、地点、演练步骤等。

⑤应急演练完成后应对此次演练内容进行评估,填写应急预案评审记录表和应急预案演练登记表。

班组作业环境管理

5.1 提供良好的作业环境

通过现场环境管控,可以为班组员工提供良好的作业环境,保障生产工作的顺利进行。

5.1.1 现场设备布局管控

设备布局是指按工艺流程、安全和卫生的要求合理地安排生产设备。生产设备的布置,首先要满足工艺流程的要求,其次要满足安全与卫生的要求。

综合考虑便于操作、安全、作业流动等因素,在布置各种大、中、小型生产设备时必须确保各设备之间有足够的空间,具体要求如图5-1所示。

要求一	生产设备的间距以活动机件达到最大范围计算,其中小型设备与中型设备的间距不小于1米,大型设备之间的间距不小于2米
要求二	生产设备与生产现场的墙、柱之间的距离要合适,同样按活动机件达到最大范围计算,小型或中型生产设备与墙柱的间距不小于0.8米,大型生产设备不小于0.9米
要求三	小型生产设备的操作空间不小于0.6米,中型生产设备的操作空间不小于0.8米,大型生产设备的操作空间不小于1.1米
要求四	布置大型设备时,应考虑操作时原料、半成品、成品和废料的摆放,同时考虑操作人员的动作不影响别人,所以,必须留有宽敞的通道和充足的出料空间
要求五	产生强烈噪声的设备如不能采取减噪措施,则应布置在离生产现场较远的地方,同时需要注意不得影响其他公司的办公环境
要求六	生产现场中高于2米的运输线必须用防护网或防护罩进行保护。若使用防护网,则其网格的大小应能阻止所运输的物件坠入地面,运输线的始终两端应有防护栏的保护,其高度不得低于1米

图5-1 现场设备布局的要求

5.1.2 现场工位器具、工件、材料的摆放

5.1.2.1 现场工位器具、工件、材料定义

现场工位器具、工件、材料的定义如图5-2所示。

工位器具：工位器具是企业在生产现场（一般指生产线）或仓库中用以存放生产对象或工具的各种装置，是用于盛装各种零部件、原材料等，满足现场生产需要，方便生产工人操作，所使用的辅助性器具，是生产过程中每一个环节所不能缺少的

工件：工件是指设备加工中的加工对象。它可以是单个零件，也可以是固定在一起的几个零件的组合体

材料：材料是企业用于制造产品、器件、构件、机器或其他产品的物品

图5-2 现场工位器具、工件、材料定义

5.1.2.2 摆放要求

工位器具、工件、材料的摆放要求如下所述。

（1）工位器具、工件、材料的摆放必须按照操作顺序摆放，禁止乱摆、乱放。

（2）生产所用的工位器具、模具、夹具、量具等必须放到指定的地方，做好标示，防止混乱与坠落伤人。

5.1.2.3 存量标准

生产用原材料必须限量放入生产现场，以免造成地方拥挤或其他事故。其具体存放量的标准如下。

（1）白班不超过加工额的1.5倍，夜班不超过加工额的2倍。

（2）大件原材料必须按照额度领取，禁止超过当班的生产额度存放。

5.1.2.4 码放要求

在生产现场码放各种物品时不得超高，一般的码放高度不允许超过2.5米（物品单位超高除外），高度与宽度的比例不超过2∶1。易滚动的物品要有垫块进行固定。堆垛的底部要牢靠，垛与垛之间的间距要合理，便于吊装和搬运。工位旁的待检板放在一个固定的框里。

首先要知道生产现场中有哪些工位器具、工件、材料及其摆放要求，并严格按要求来摆放。

5.1.3 现场工作地面改善

工作地面是指作业场所的地面。工作地面的改善应做好以下工作。

（1）车间各部分工作地面（包括通道）必须平整，并经常保持整洁。地面必须坚固，能承受规定的荷重。

（2）合理地规划生产现场的地面，用不同颜色的线将生产现场的地面科学划分为不同的区域。有些企业用黄线、有些企业用白线，但是安全通道必须以绿色、醒目的标志标示出来。

（3）生产现场所划定的各区域间距要合理，其中人行通道不得小于1米，车行道（主要指叉车、推车等）不得小于2米，成品车间货车行道不得小于3米。

（4）生产现场的布置必须保证各通道的畅通，任何人不得以任何理由挤占、挪用通道，违者将按相关规定进行教育和惩处。

（5）生产现场中因生产需要所设置的坑、沟、壕等必须有足够支撑力的物品覆盖或有防护栏，夜间必须有照明，以防发生安全事故。

（6）在产品生产过程中出现的垃圾、废料、废水、废油等必须设置专门的垃圾箱予以存放，并及时处理，不得将此类废品带入下一道工序。

（7）生产现场的人行道或空地应保持平坦，不得有障碍物。若有，则应该设置醒目的警示标志或安放防护栏。

（8）员工工作附近的地面上，不允许存放与生产无关的障碍物，不允许有黄油、油液和水存在。经常有液体的地面，要设置排泄系统。

（9）大型设备的基础部分应有液体储存器，以收集由管路泄漏的液体。储存器可以专门制作，也可以与基础底部连成一体，形成坑或槽。储存器底部应有一定坡度，以便排出废液。

（10）车间工作地面必须防滑。设备基础或地坑的盖板，必须是花纹钢板或在平地板上焊以防滑筋。

5.1.4 现场噪声传播管控

噪声是能够引起人烦躁或由于音量过强而危害人体健康的声音。

5.1.4.1 充分认识噪声的危害

噪声是企业生产和运输中最常见的污染因素，强度超过130分贝就会伤害人的机体和耳朵。按国家规定，工厂的噪声不能超过75分贝，在人晚上睡觉的时候，住宅周围的环境噪声不能超过35分贝。人若长期受85～90分贝甚至90分贝以上的噪声侵袭，其听力就会受损，容易患上心血管、神经性疾病。

5.1.4.2 控制噪声的传播

（1）生产中噪声排放比较大的机电、设备应尽量设置在离工作操纵点或人员集中点比较远的地方。

（2）对于无法布置比较远的、排放噪声比较大的机电、设备，在生产中应在设备上安装隔音机罩或设置隔音间，阻断噪声向外排放。

（3）对有隔音间进行隔音的机电、设备，应做好隔音间的密封工作，随时关闭隔音门与隔音窗，确保将噪声与生产人员隔离开来。

（4）若因工作需要，生产人员必须到噪声比较大的地方进行操作时，应佩戴好耳塞、耳罩、防声帽等劳动保护用品，否则后果由生产人员自身承担。生产现场应张贴类似提示，以便员工及时注意到。

（5）现场管理人员在安排生产任务时，应尽量减少作业人员在噪声环境中的暴露时间，以减轻噪声对员工身体的伤害。

5.1.5 现场光照度管控

光照度，即通常所说的勒克斯度（lux），表示被摄主体表面单位面积上受到的光通量。1lux相当于1流明／平方米，即被摄主体每平方米的面积上，受距离1米、发光强度为1烛光的光源，垂直照射的光通量。

作业现场的光照度应具备以下几个方面。

（1）车间工作空间应有良好的光照度，一般工作面不应低于50lux。

（2）采用天然光照明时，不允许太阳光直接照射工作空间，但为保证生产现场的光照度，可以适当透光。

（3）采用人工照明时，不得干扰光电保护装置，并应防止频闪效应。除安全灯和指示灯外，不应采用有色光源照明。

（4）在室内光照度不足的情况下，应采用局部照明，具体如图5-3所示。

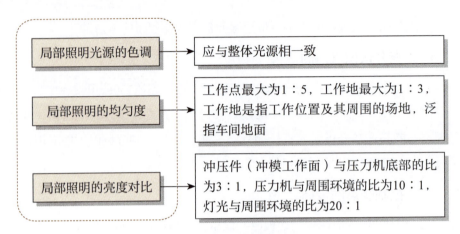

图5-3 局部照明的要求

（5）与采光的照明无关的发光体（如电弧焊、气焊光及燃烧火焰等）不得直接或经反射进入操作人员的视野。

（6）需要在设备基础内工作（如检修等）时，应装设照明装置。

（7）局部照明应用36伏的安全电压。

（8）照明器必须经常擦洗保持清洁。

5.1.6 控制现场温度

温度是工作现场最重要的条件之一，工作设施内应该有合适的温度。最合适的温度根据当地的气候条件、季节、工作类型和工作强度而定。

（1）在作业环境中，要具有良好的通风设备，保持适宜的温度、湿度和空气新鲜度，这样能使人感到舒适。

（2）对于一般强度的坐姿工作，在20～25℃时作业人员的生产效率最高。如果达不到合适的温度，作业人员的生产效率就会下降。有条件的企业要做好隔热和防寒的措施，采取适当方式以减少外部热空气和冷空气侵入对生产的不利影响。

（3）室内应设置温湿度监控装置，如温度计，一旦发现温度超出范围，就应当予以调整。

5.1.7 现场洁净度控制

洁净度是指洁净空气中空气含尘（包括微生物）量的多少。有些工作现场，如洁净区、无尘房等要求必须非常干净，如一些光学仪器、精密电子产品和特殊化学物质生产，对环境的要求特别高，甚至要求是无尘房。

5.1.7.1　洁净区的环境卫生要求

洁净区的环境卫生要达到如下要求。

（1）门、窗、各种管道、灯具、风口及其他公用设施、墙壁与地面交界处等应保持洁净、无浮尘。

（2）地漏干净、经消毒，经常保持液封状态，盖严上盖。

（3）洗手池、工具清洗池等设施，里外应保持洁净，无浮尘、垢斑和水渍。

（4）传递窗（室）在不工作时，要关闭双门，工作时至少要关闭一扇门。

（5）限制进入洁净区的人数，进入洁净室的人员仅限于该区域的生产操作人员、管理人员及经车间主任批准的人员。

（6）洁净室内操作时，动作要稳、轻、少，不做与操作无关的动作及不必要的交谈。

（7）洁净室内不放置不必要的与生产无关的物品。

（8）清洁工具及时清洗干净，置于洁净区洁具间规定的位置，不能和非洁净区的清洁工具混洗混用，消毒剂要定期交替使用。

（9）文件、文具等必须经洁净处理才能进入洁净室。

（10）洁净室不得安排三班生产，每天应留足够的时间用于清洁及消毒，更换品种要保证足够的时间间歇，用于清场及消毒。

5.1.7.2　人员进入洁净区的程序

（1）用手拧开换鞋室门，坐在入门口的横凳上，面对门外，用手取出放在背后一侧横凳下鞋架内的洁净区工作鞋，整齐轻放于背后；将一般生产区工鞋脱去，坐着转身180°，穿上洁净区工作鞋；侧身将一般生产区的鞋整齐地放入横凳下规定的鞋架上（整个过程双脚不能着地）。穿净化鞋时，鞋跟一定要拉上，不能踩在脚跟下面。

（2）由当班现场管理人员按"洁净区人员出入记录表"要求内容填写后，方能进入更衣室。

（3）用手打开一更衣室柜门，脱去外衣、工作帽，和私人物品一起，放入更衣柜内，关柜门。

（4）洗手：走到洗手池旁，将双手掌伸入水盆上方自动洗手器下方的位置，让水冲洗双手掌及至腕上5厘米处，手触摸自动给皂器，两手相互摩擦，使手心、手背、手腕上5厘米处的皮肤均匀充满泡沫，摩擦约20秒。

（5）伸双手至自动洗手器，让水冲洗双手，双手上下移动，相互摩擦、冲洗至无滑腻感为止，再翻动双掌，至清洗干净为止。

（6）伸手到电热烘手机下约8～10厘米处，烘干为止。

（7）穿洁净衣服。其步骤如图5-4所示。

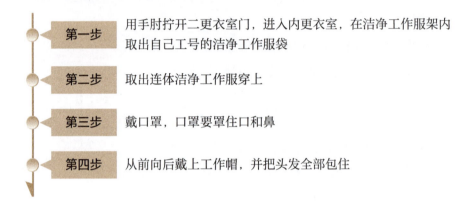

图5-4　穿洁净衣服的步骤

（8）消毒手部：用手打开缓冲室门，在自动酒精喷雾器前伸出双手喷均匀双手（或用1‰消毒液浸泡约5min）进行手消毒（两种消毒剂交替使用，每月更换一次）。消毒完毕，站立片刻后，再进入洁净区。

（9）在洁净区内，注意保持手的清洁，不能再接触与工作无关的物品，不得裸手直接接触产品。

（10）洁净区内，动作要稳、轻、少，不做与操作无关的动作及不必要的交谈。

5.1.7.3　人员出洁净区的程序

（1）用手推开缓冲室门，从缓冲室经内更衣室进入外一更衣室，脱下洁净区工作服，放进有状态标志的桶内，盖好盖子，并穿上自己工号的一般生产区工作服。

（2）用手推开换鞋室门，背朝门外，脱下洁净区工鞋，放进规定鞋架内，注意此时脚不落地，转身180°，穿上一般生产区工作鞋，将一次性口罩等杂物放入垃圾桶，此时由当班现场管理人员填写"洁净区人员出入记录表"，再离开洁净区。

5.1.7.4　物料进出洁净区的程序

（1）物料从一般生产区进入洁净区，必须经物净系统（包括缓冲室和传递窗）在缓冲室脱去外包装，若不能脱去外包装的，应对外包装进行吸尘等洁净处理后，经有出入门联锁的气闸室或传递窗（柜）进入洁净区，并按"洁净区物料出入记录表"要求填写内容。

（2）物料进入洁净区内，整齐码放于规定位置并挂上状态标志牌。

5.1.8 现场工位控制

现场工位控制最重要的一点就是符合人机工程学。人机工程学是研究系统中人、机、环境三大要素之间的关系，为解决系统中人的效能、健康问题提供理论与方法的科学。

人机工程学研究在设计人机系统时如何考虑人的特性和能力，以及人受机器、作业和环境条件的限制。设计人机系统时，要把人和机器作为一个整体来考虑，合理或最优地分配人和机器的功能，保证系统在环境变动时也能达到要求的目标。

作业现场工位控制的具体要求如下所述。

（1）工位结构和各部分组成应符合人机工程学、生理学的要求和工作特点。

（2）工位应使操作人员舒适地坐或立，或坐立交替在设备旁进行操作。不允许剪切机操作人员坐着工作。

（3）坐着工作时，一般应符合以下要求，具体如图5-5所示。

要求一	工作座椅结构必须牢固，坐下时双脚能着地，座椅的高度为40~43厘米，高度可调并具有止动装置
要求二	设备工作台下面应有放脚空间，其高度不小于60厘米，深度不小于40厘米，宽度不小于50厘米，同时可以设置专门用来放脚的"鞋位"，方便员工放入双脚
要求三	设备的操纵按钮离地高度应为70~110厘米，如操作人员位置离工作台边缘只有30厘米时，按钮高度可为50厘米
要求四	工作面的高度应为70~75厘米，当工作面高度超过这一数值而又不可调时，应垫以脚踏板。脚踏板应能随高度调整，其宽度不应小于30厘米，长度不应小于40厘米，表面应能防滑，前缘应有高1厘米的挡板。座位下若能放个脚凳的话，员工坐着工作时就更舒服了

图5-5　坐着工作时的要求

（4）站立工作时，应符合以下要求，具体如图5-6所示。

要求一　设备的操纵按钮离地高度为80～150厘米，距离操作人员的位置最远为60厘米

要求二　为便于操作人员尽可能靠近工作台，设备下部应有一个深度不小于15厘米、高度为15厘米、宽度不小于53厘米的放脚空间

要求三　工作面高度应为93～98厘米

图5-6　站立工作时的要求

5.2 开展 5S 活动

"5S"是整理（Seiri）、整顿（Seiton）、清扫（Seiso）、清洁（Seikeetsu）和素养（Shitsuke）这5个词的缩写。因为这5个词日语中罗马拼音的第一个字母都是"S"，所以简称为"5S"，开展以整理、整顿、清扫、清洁和素养为内容的活动，称为"5S"活动。

5.2.1　整理（Seiri）

整理就是在工作现场，区别要与不要的东西，只保留有用的东西，撤除不需要的东西。

5.2.1.1　确定现场需要与不需要的判别基准

进行整理，首先要根据情况，分清什么需要，什么不需要，分清使用频度后，按层次规定放置的位置。现场需要与不需要的判别基准如下所述。

（1）工具：当前不用就是不需要，不用的工具应当收到工具箱里。

（2）材料、半成品：当前不用就是不需要，不需要的材料应当放到规定地点。

（3）设备：常用但当前不需要的小型设备：可就近放到指定地点；不常用的小型设备：不需要；报废的设备：不需要。

（4）无用的包装箱（袋）、垃圾、废

物品的凌乱摆放，会给寻找使用带来很大的麻烦。

品：不需要。

（5）个人生活用品：不需要。

对于现场不需要的物品要坚决清理出生产现场。对于车间里各个工位或设备的前后、通道左右、厂房上下、工具箱内外，以及车间的各个角落，都要彻底搜寻和清理，达到现场无不用之物。

进行整理，需要的留着，垃圾篓等则放到指定的区域。

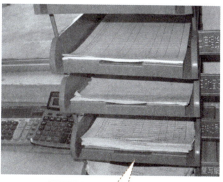

各种日常用的表单、资料都是必需品。

5.2.1.2 实施现场检查时

主要要做好地面、天花板、工作台、办公区、仓库等区域的检查工作，具体的检查内容如表5-1所示。

表5-1 现场检查的主要内容

场所	内容
地面（尤其要注意死角）	1. 推车、台车、叉车等搬运工具 2. 各种良品、不良品、半成品、材料 3. 工装夹具、设备装置 4. 材料箱、纸箱、容器等 5. 油桶、漆罐、油污 6. 花盆、烟灰缸 7. 纸屑、杂物
工作台	1. 破布、手套等消耗品 2. 螺丝刀、扳手、刀具等工具 3. 个人物品、图表资料 4. 余料、样品

续表

场所	内容
办公区域	1. 抽屉和橱柜里的书籍、档案 2. 桌上的各种办公用品 3. 公告板、海报、标语 4. 风扇、时钟等
天花板	1. 导线及配件 2. 蜘蛛网 3. 尘网 4. 单位部门指示牌 5. 照明器具等
墙上	1. 标牌、指示牌 2. 挂架、意见箱 3. 吊扇、配线、配管 4. 蜘蛛网
仓库	1. 原材料、辅助材料 2. 呆料 3. 废料 4. 其他非材料的物品
室外	1. 废弃工装夹具 2. 生锈的材料 3. 自行车、汽车 4. 托板 5. 推车、轮胎

5.2.1.3 清除非必需品

（1）清理非必需品的原则是看该物品现在有没有"使用价值"，而不是原来的"购买价值"，同时注意以下几点事项。

①考虑为什么要清理以及如何清理。

②规定定期进行整理的日期和规则。

③在整理前要预先明确现场需放置的物品。

④区分要保留的物品和不需要保留的物品，并向员工说明保留的理由。

⑤划定保留物品安置的地方。

（2）对暂时不需要的物品进行整理时，应进行认真的研究，判断这些保留的物品是否有保留的价值，并弄清保留的理由和目的。当不能确定今后是否还会有用时，可根据实际情况来决定一个保留期限，先暂时保留一段时间，等过了保留期限后，再将其清理出现场。物品的放置判断如表5-2所示。

表5-2 物品的放置判断

使用次数	判断基准
一年没用过一次的物品	废弃放入暂存仓库
也许要使用的物品	放在工作区附近
三个月用一次的物品	放在生产线附近
一星期用一次的物品	放在使用地
三天用一次的物品	放在不要移动就可以取到的地方

5.2.1.4 非必需品的判定

判定一个物品是否有用，并没有一个绝对的标准。有些东西是很容易判定的，如破烂不堪的桌椅等，而有些则很难判定，如一些零部件的长期库存。

（1）非必需品的判定步骤

①把那些非必需品摆放在某一个指定场所，并在这些物品上贴上红牌。

②由指定的判定者对等待判定的物品进行最终判定，决定其应卖掉、挪用、修复还是修理等。

（2）非必需品判定者

由于工厂里需要进行判定的对象物很多，并且分为可以判断的和难以判断的物品，为了高效地完成判定工作，可以根据对象物的不同分层次确定相应的判定责任者。

①一般物品。由班组长初步判定，主管最终判定。

②零部件。由主管初步判定，经理最终判定。

③机器设备。由经理初步判定，总经理最终判定。

非必需品也可以统一由推行委员会来判定，也可设计一个有效的判定流程，由各个不同部门对各类物品进行判定。

对于非必需品的判定,要注意以下事项。

①对那些贴有非必需品红牌的物品,要约定判定的期限,判定的拖延将影响5S活动的进行,最好是迅速进行判定。

②当那些贴有非必需品红牌的物品被判定为有用的时候,要及时向物品所属部门具体说明判定的依据或理由,并及时进行重新安置和摆放。

资料架上的卫生纸属于私人用品,是非必需品。

将私人用品放置到指定区域,整理好各种表单并做好定位。

各种材料堆积在一起,依据各自的使用频率分类放置。

5.2.1.5 处理非必需品

对贴了非必需品红牌的物品,必须一件一件地核实现品实物和票据,确认其使用价值。若经判定,某物品被确认为有用,那么就要揭去非必需品红牌。若该物品被确认为非必需品,则应该具体决定处理方法,填写非必需品处理栏目。一般来说,对非必需品有以下几种处理方法。

（1）改用

将材料、零部件、设备、工具等改用于其他项目或其他需要的部门。

（2）修理、修复

对不良品或故障设备进行修理、修复，恢复其使用价值。

（3）作价卖掉

由于销售、生产计划或规格变更，购入的设备或材料等物品用不上。对这些物品可以考虑和供应商协商退货，或者（以较低的价格）卖掉，回收货款。

若该物品有使用价值，但可能涉及专利或企业商业机密的，应按企业具体规定进行处理；如果该物品只是一般废弃物，在经过分类后可将其出售。

若该物品没有使用价值，可根据企业的具体情况进行折价出售，或作为培训、教育员工的工具。

（4）废弃处理

对那些实在无法发掘其使用价值的物品，必须及时实施废弃处理。处理要在考虑环境影响的基础上，从资源再利用的角度出发，具体方法如由专业公司回收处理等。

5.2.2　整顿（Seiton）

整顿就是把要用的东西，按规定位置摆放整齐，并做好标示进行管理。

通过前一步整理后，对生产现场需要留下的物品进行科学合理的布置和摆放，以便用最快的速度取得所需之物，在最有效的规章、制度和最简捷的流程下完成作业。

整顿的三项原则如图5-7所示。

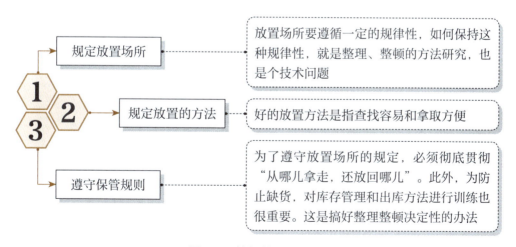

图5-7　整顿的三项原则

5.2.2.1 确定东西放置场所

（1）撤掉不用物品

减少50%库存量，车间里（岗位上）原则上一种东西只留1个，其他一律清理除去。

（2）分类区分

分类区别什么放在远处，什么放在近处，什么放在中央仓库。近处只放必需的东西。室内的整体布局应该是，使用次数多的放在门口附近，重的东西放在容易搬运的地方。这种分类区分法就是符合系统规律性的分类法。

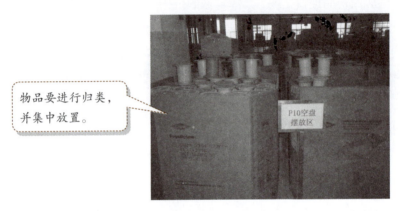

物品要进行归类，并集中放置。

（3）统一名称

现场使用、保管的东西名称要统一。在撤掉不用物品时，你会在数量、名称问题上，意外地发现许多没有名称、名称重复或没有具体名称等问题，因而有必要予以统一。

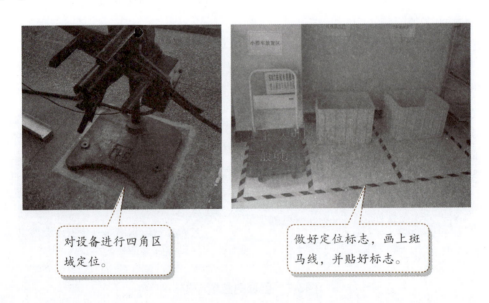

对设备进行四角区域定位。

做好定位标志，画上斑马线，并贴好标志。

5.2.2.2 规定东西的放置方法

（1）研究符合功能要求的放置方法（见表5-3）

①所谓符合功能要求，就是要考虑怎样放置在质量上、安全上、效率上都没有浪费或徒劳。

②在质量上，特别要注意品名错误。

③对形状、品名、号码相似的东西要放得距离远一些，或放一个样品以便确认，或者用不同的颜色和形状来区别，防止出错。

④在品名上把隔板的仓库号码作为后背号填上。

表5-3 东西放置方法的要点

序号	要点	具体操作要领
1	画线和定位标志	（1）现场的整顿首先要对通道和区域进行画线，标明定位。当然，最重要的原则是要有利于作业的合理布局 （2）布局应以直线、直角、垂直、平行为原则 （3）主通道和副通道画的线的宽度和颜色也可以不同 （4）限制东西摆放的高度也很重要，它有助于防止东西掉下来、倒下来或库存过多
2	台座隔板、台车等	（1）减少台座和隔板的使用数量。东西放在台座和隔板上。不用的台座和隔板撤掉或收拾起来 （2）台座和隔板高矮不一样时，下面需要适当垫一下、摆成几层高度 （3）台座或隔板不直接放在地上，用东西垫起来 （4）尽量少用吊车和叉车而使用台车，效率高
3	管线	（1）管线要离开地面，要防止打捆、摩擦和振动，要保持直线、直角和松散的状态 （2）不在地下埋线，全部在地上用垫子垫起来或者一根一根分别用不同的种类、号码、颜色来区分，以防止出错。还要考虑布局变更容易
4	工具	（1）在设计上、维修上不考虑使用工具 （2）减少工具的使用数。比如，螺栓种类减少了，就可以少用扳手 （3）工具要放在取拿方便的地方 （4）按照使用顺序摆放工具 （5）拿起工具后不用改换姿势马上就能工作 （6）工具挂起来松开手就能恢复到原来的位置

续表

序号	要点	具体操作要领
5	刀具	（1）不能搞错品名。保管场所要具备不至于掉齿、损坏、生锈、弄脏的条件 （2）减少库存数量 （3）有时把刀具立起来保管，从安全上考虑一定要戴上刀套
6	耗材	（1）对耗材首先固定场所，分好类，并规定数量和位置。超过视为异常，另行管理 （2）耗材必须按"先进先出法"使用
7	备品	（1）备品的保管，可以考虑保存双份或确定最低库存量 （2）保管中的东西要保持任何时候都使用的状态。保管的要点，如污垢、伤痕、生锈等要有明确的标示
8	润滑油、动作油等油脂	（1）减少和合并油种名称，以减少种类 （2）按颜色管理 （3）集中管理、分开标志管理，都要遵守规定的保管场所、数量和规则 （4）根据油种和注油口的形状准备好用具 （5）对防火、公害、安全方面都要考虑周到 （6）改进注油方法和延长注油周期
9	计测器具、精密贵重工具等	（1）计测器具、精密贵重工具等，实行专人管理 （2）对日常保管用的容器以及放置方法要下功夫研究
10	大东西	（1）对大、重的东西要下功夫研究符合它的形状和使用的方法，以确定保管方法和搬运方法正确 （2）对安全钢丝绳和扫除用具的各种容器和放置方法都要下功夫研究
11	小东西、消耗品等	（1）作为经常储备品，要管好订货 （2）属于散落部品，要防止在生产线上飞散和落下 （3）像弹簧那样缠绕的东西，垫圈那样不好拿的东西，要少量保管
12	表示、布告、文字、条件表、图纸、黏胶带	（1）不是什么地方都可以张贴（粘），要规定张贴的地方、范围 （2）布告要写上期限，没有期限的不能张贴 （3）黏胶带的痕迹要擦干净 （4）贴纸时纸的高度要对齐

（2）品种名称和放置场所的标示

①东西一定要填上名称——固定位置对号入座。

②东西的名称和放置场所的名称都必须明确。

③标示放置场所——固定东西的存放位置。

④东西和放置场所两者的配套名称，在物和仓库上都加以标注，放置方法的标示工作才算完成。

所有上架物品都贴上标签，便于管理。

（3）拿放方便的改进

①名称标示好了，放置位置也已固定下来，就要想办法画个指示地图，以便能够顺利地找到存放地方。

②备件按功能保管，还是按产品别或车间别保管。总之，东西要在一个地方备齐，特别要以成套的形式备齐，或用工具箱比较容易地把它备齐。对备品等要以组装部件的方式准备好。

③放置场所的高度，要考虑安全，把重的东西放在下面或做个带滑轮的台车或设置脚手架、升降场等。

④取拿方便或工作容易的改进高度是：备品为从人们的膝盖到头部为宜；工作用工具类，从腰到肩的高度为宜。

⑤放置场所要充分利用建筑物的面积，同时也要考虑取拿方便和质量方面的要求。

各种成品用箱子装起来，进行标示，并按序摆放。

采用全格法将机器定位,是一种很直观的整顿方法。

5.2.2.3 遵守保管规则

(1)日常管理和防止库存无货

①放置场所要明确标明库存无货、未退货或丢失等状况。

②为了补充库存,对物品达到最低库存量时的订货起点要明确标示或运用颜色加以区别。

③搬运要用适合的专用台车,通用零件和专用零件要分别搬运,使用容易移动和容易作业的台车。

(2)取拿、收存的训练和改进的效果

整顿就是为了避免取出、收存浪费时间的活动,一定要掌握改进的效果。因此,可以开展取出、收存的比赛活动。

物料摆放有序,让人一目了然。

5.2.3 清扫(Seiso)

接下来要对工作场所和设备进行清扫。清扫就是将不需要的东西清除掉,保持工作现场无垃圾,无污秽状态。

5.2.3.1 确定区域划分和责任范围

（1）明确个人分担的区域和负共同责任的5S各小组分担的区域。由一个人领导，共同负责。

（2）不可忘记实行值班制度。

（3）按车间、区域，每天安排值班人。

（4）每个人分担的范围用区域责任表示。

将区域管理人的姓名、职务、管理区域、电话以看板的形式确定下来。

5.2.3.2 大扫除

（1）大扫除的注意要点

①注意高空作业的安全。

②爬上或钻进机器时要注意。

③使用洗涤剂或药品时要注意。

④使用錾凿工具或未用惯的机器时要注意。

⑤大扫除时要注意，不要由于使用洗涤剂而使设备生锈或弄坏设备。

（2）消除问题和损坏地方的方法

总体检查一下有问题的地方，对象是：建筑物、屋脊、窗户、通道天棚、柱子、管路线路、灯泡、开关、台、棚架、更衣室、外壳的盖的脱落或破损以及安全支架和扶手的损坏等，要采取措施彻底解决这些问题以及长锈、脱落、杂乱等。

机器与墙面之间的死角，容易被忽略。

5.2.3.3 消灭污垢发生的措施

消灭污垢产生根源的不力原因如下所述。

（1）不了解现状、不认为是问题、问题意识淡薄。

（2）对产生的根源未着手解决，对问题放任不管。

（3）清扫困难或对保持清洁感觉困难而灰心。

（4）解决的技术办法不足或因未动脑筋而缺乏技术。

消灭污垢发生根源的措施程序如图5-8所示。

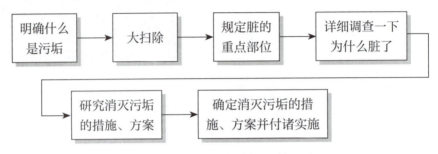

图5-8　消灭污垢发生根源的程序

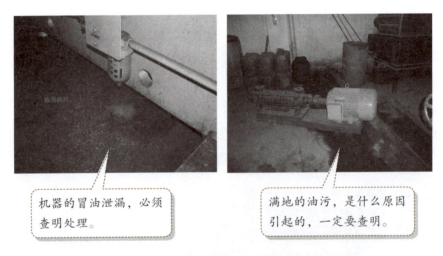

5.2.3.4 把握设备清扫和检查的关键

通过对设备的清扫、检查可以排除小毛病（设备5S）。

（1）事先进行技术教育

设备的清扫、检查要从设备内部着手，这样可以发现许多问题。若不进行技术教育，效果不会很好，可能发现不了问题。

清扫和检查的教育的内容包括以下两点。

①学习功能、结构等。

②掌握机械各部分的知识。

（2）防止设备磨损损耗

设备的各个部位都应该清扫、检查，但更关键的是要防止设备磨损损耗，所以应对污垢进行清扫、缺油注油，松动扭紧和发热的温度管理等工作。

5.2.3.5 对设备功能上的问题进行分析研究

为彻底解决设备功能上的问题，应认真思考以下问题，并寻求解决对策。

（1）为什么这个地方重要？

（2）为什么忽视了而未管呢？

（3）如果这样下去可能会发生什么问题？会有什么影响？要从原理和机制上考虑。

（4）为什么未能早发现呢？如何才能做到及早发现呢？

（5）为何成了这个样子呢？

设备也要做好清扫工作，保持正常运行。

5.2.4 清洁（Seikeetsu）

清洁就是将整理、整顿、清扫实施的做法制度化、规范化，维持其效果。具体可运用目视管理法。

5.2.4.1 检查清扫结果

清扫结束后，进行清扫结果的检查，主要是为了确定清扫的内容与目的是否达到以及清扫是否彻底。

白手套检查法，方便又准确。

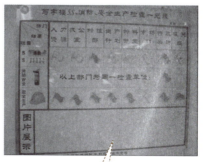

各部门的安全检查评比，起到激励作用。

5.2.4.2 目视管理法

（1）目视管理的重点

目视管理的重点要使以下问题得以明确。

①管什么看什么？管理的要害地方在哪儿？

②什么现象算异常？其判断标准是什么？

③能检察出来吗？用什么工具检查。检查的窍门和方法是什么？

④怎样进行活动？应急处理、改进和保持的方法是什么？

（2）目视管理要达到的目的

①从远处看也能明确。

②管理的东西要有标志。

③好坏谁都能明确指出来。

④谁都能使用，使用起来方便。

⑤谁都能维护，立即可以修好。

⑥使用工具，车间就可以明朗顺畅起来。

空调有没有送风透过这根带子有没有飘起来就知道。

透明的玻璃门和颜色线条起到警示的作用，并对进入车间有相应要求。

5.2.4.3 保持制度化——一齐搞3分钟5S

（1）全员一起行动在短时间内搞好5S。全员一起行动非常重要。

（2）把时间划分段落也很重要。

时间划分可以短一些，定时搞5S，如在开始工作前，工作结束时，周末、月末和完工时搞"1分钟5S""3分钟5S"或"30分钟5S"等。

（3）一起活动对质量、安全检查也有作用。一天只要一起进行几次质量检查、安全检查，就可以大量减少失误。

制定清洁计划表，形成一种制度化的工作。

坚持做好下班前5分钟的活动，提高个人素质。

5.2.5 素养（Shitsuke）

通过进行上述4S的活动，让每个员工都自觉遵守各项规章制度，养成良好的工作习惯，做到"以厂为家、以厂为荣"。

素养是指改变人们的习惯，并养成良好的习惯。

每个员工都在认真作业，形成一种认真的氛围。

5.2.5.1 实施的要点

（1）为取得良好的结果，需要明确规定行动的准则。

（2）正确地传达，良好地培训，准确地传授。

（3）组织全员参加活动。

（4）每个人都养成对自己的行为负责的习惯。以语言表示，每天行动。上级发现做得不好的立即纠正。

（5）这样就能养成习惯，形成有纪律的车间。

（6）集中全员的力量形成向心力，便可发挥更大的力量。

> 整齐的制服，每个员工都在认真工作。

> 没有穿工作服，而且还有人走动，这都是不符合素养要求的。

5.2.5.2 核对确认表上规定的事情是否得到遵守

（1）想办法使检查者信得过

把填写核对确认表变成工作而容易管理，班组长也容易只依靠下属的核对确认表来判断工作结果。要从只看核对确认表变为到现场用目视去管理。

①现场5S检查项目及标准（表5-4）

表5-4　现场5S检查项目及标准

序号	检查项目	检查内容	分值	评分
1	地面标志	地面信道有标志	1.5	
		地面信道标志明确	1	
		地面涂层没有损坏	1	
2	工位器具	工位器具上无灰尘、油污、垃圾等	1.5	
		工位器具上存放的零件与工位器具相符合	1.5	
		现场无损坏的工位器具	1	
		工位器具上存放的零件数与工位器具设计存放零件数相符	1	
		工位器具上存放的零件按存放要求存放	1	
		工位器具摆放整齐	1.5	

续表

序号	检查项目	检查内容	分值	评分
3	零件	零件放置于工位器具上，无直接放于地面的情况	1.5	
		非工位上的零件的检验状态有标志	1.5	
		工位上的不合格件有明显标志	1.5	
		现场的不合格件在规定3日内得到处理	1.5	
4	工作角	班组园地内的桌椅清洁	1	
		工作角内物品摆放整齐	1.5	
		工作角内的物品损坏及时修理	1	
		班组园地使用的桌椅放于工作角	1	
5	目视板	班组有目视板	1.5	
		目视板表面干净，无灰尘、污垢、擦拭不干净的情况	1	
		目视板完好无损	1	
		目视板牌面整洁，塑料袋完好无损，有破损时要及时更换	1.5	
		目视板有栏目，内容丰富	1	
		目视板牌面信息合宜，及时更换	1.5	
		目视板有责任人	1	
		目视板定置或放于规定位置	1.5	
		部门及车间有目视板台账	1	
6	工具箱	工具箱清洁	1.5	
		工具箱上或下无杂物	1	
		工具箱内有物品清单并做到物单相符	1.5	
		箱中物品摆放整齐，取用方便	1.5	
		工具箱损坏时及时修理	1	
7	厂房内空间	窗台、窗户玻璃干净，无灰尘、蛛网等	1.5	
		厂房墙壁、立柱上无乱贴、乱画或陈旧标语痕迹	1	
		厂房四壁干净，无积灰	1	
		厂房内无漏雨或渗水	1	
		厂房内物流通道、安全信道畅通无阻	1.5	

续表

序号	检查项目	检查内容	分值	评分
8	现场区划	定置线内有定置物	1	
		现场设置不同状态件存放区域或区域有标志、标志明确	1.5	
		现场存放的件与区域标志一致	1	
9	垃圾及清运	工位上的包装垃圾放于指定的垃圾箱	1.5	
		垃圾箱（桶）内垃圾在限度范围内	1	
		垃圾箱放于规定的位置	1.5	
		工业垃圾和生活垃圾分开存放	1.5	
10	作业文件	无过期的或者不必要的文件	1.5	
		文件按规定的位置摆放	1	
		文件摆放整齐	1	
		文件清洁，无灰尘、脏污	1	
		文件完整，无撕裂和损坏现象	1.5	
11	设备	设备没有损坏或松动	1.5	
		设备按规定位置存放	1.5	
		设备干净，无漏油现象	1	
		设备上无杂物	1	
12	工作台	工作台清洁，无积尘、油污	1.5	
		工作台按规定位置摆放	1	
		工作台上物品摆放整齐	1.5	
		工作台没有杂物	1	
13	库房	库房有定置图	1	
		物资按定置图规定位置摆放	1.5	
		物资有标志且标志明确	1	
		物资摆放整齐	1	
		物资摆放在规定的架、箱、柜、盘等专用或通用器具上	1.5	
		仓储物资清洁，无积尘或蜘蛛网	1	

续表

序号	检查项目	检查内容	分值	评分
14	工装	工装的使用和保存方法正确	1.5	
		工装放在指定的位置	1	
		工装清洁，无脏痕	1	
		工装没有损坏	1.5	
		工装上无杂物	1	
15	照明	照明设备干净，无积尘	1.5	
		照明设备完好无损	1	
16	水、电、气等各种线管	使用过程中，无脏污	1	
		无跑、冒、滴、漏等损坏或连接松动	1	
17	生活卫生设施	更衣室整洁、无脏污	1	
		更衣室内物品按规定位置有序摆放	1	
		卫生间清洁，无异味	1	
		洗手池清洁，无异味、污垢等	1	
		卫生间内无杂物	1	
		清洁用具放于指定的位置	1	
18	人员素养	员工现场无打闹现象，举止文明	1.5	
		员工说话有礼貌，语言文明	1.5	
		遵守工艺规程，按操作规程操作	1	
		按规定佩戴劳保用品	1.5	

注：评分时完全达标得满分；不符合项出现一处扣1分，扣完为止。

②5S个人日常检查标准（表5-5）

表5-5　5S个人日常检查标准

部门：　　　　　　　员工姓名：　　　　　　　评分日期：

序号	项目	细目	要求	分值	评分
1	地面	表面	保持清洁，无污垢、碎屑、积水、异味等	2	
			地面无跌落零件、物料等	2	
			地面无破损，划线、标志清晰无剥落	2	

续表

序号	项目	细目	要求	分值	评分
1	地面	通道	区划线清晰；无堆放物；保持通畅	2	
		汽车美容耗材	定位、无杂物之称，摆放整齐无压线	2	
			堆叠不超高；暂放物有暂放标志	2	
			分类摆放在定位区内，有明显标志	2	
			包装箱标志清楚，标志向外；无明显破损及变形	2	
			周转箱保持干净，呆料及时处理	2	
			如暂时放于指定区域外要按暂放要求操作，并指明责任人	2	
			合格品与不合格品区分明确	2	
		货架	有架号分类及管理标志，无多余标贴	2	
			料卡相符	2	
		推车叉车	定位放置，标志明确	2	
			保持清洁、无破损、零配件齐全	2	
		专门区域	专门区域有明显标志，无其他物品；地面干净无积水	2	
		清洁用品	按要求整齐摆放，保持用品本身干净完好	2	
			及时清理垃圾筒，拖把拧干	2	
		垃圾	分有价垃圾与无价垃圾	2	
2	墙、天花板	墙面	保持干净，无非必需品；贴挂墙上的物品应整齐合理	2	
		门、窗	玻璃干净、无破损，框架无灰尘	2	
			无多余张贴物，铭牌标志完好	2	
		公告栏	有管理责任人，干净并及时更新，无过期张贴物	2	
		开关、照明	明确控制对象标志，保持完好状态	2	
			干净无积尘；下班时关闭电源	2	
		天花板	保持清洁、无蛛网、无剥落	2	

续表

序号	项目	细目	要求	分值	评分
3	设备／工具	外观及周边环境	保持干净，无卫生死角	2	
			明确管理责任人，辅助设施或工具定位	2	
		使用／保养／点检	标志清楚（仪表、阀门、控制面板、按钮等），明确控制对象和正常范围	2	
			实施日常保养，保持完好状态，无安全隐患，使用完毕及时归位	2	
			设备点检表及时正确填写	2	
			设备故障要有故障牌及禁用标志	2	
4	工作台／办公桌	桌面	保持干净清爽，无多余垫压物	2	
			物件定位、摆放整齐，符合摆放要求	2	
		抽屉	物品分类存放，整齐清洁；公私物品分开放置	2	
		文件	分类存放，及时归档；文件夹标志清楚，定位明确	2	
		座椅	及时归位；椅下地面无堆放物	2	
5	电源插座		保持干净、无破损、随时保持可用状态	2	
6	箱、柜	表面	眼观干净，手摸无尘；无非必需品；明确管理标志	2	
		内部	资料、物件、工具，按要求分类存放，有分类标志	2	
			保持清洁，有工具存放清单、合适放置位与容器	2	
		备品	分类摆放整齐，保证安全存量	2	
7	危险品		存放于指定区域，有明显警示标志，保持隔离放置	2	
			明确管理责任人，保持整齐、干净	2	

注：评分时完全达标得满分；不符合项出现一处扣1分，扣完为止。

坐姿不正,还有员工未戴手套,都需要继续改善。

(2)在现场通过实物进行指导

对现场目视的重点管理得如何,需要监督者到现场,通过实物和现象进行指导。

①为什么某个地方总得经常清扫检查呢?对该部位的功能、结构、原理懂了吗?

②清扫、检查是否容易做到?

③目视、大小、好坏的判断难易程度如何?

④再不能想办法找到更容易做到的目视方法吗?

(3)要重视做的过程

标准或核对确认表的确定和填写过程很重要。不是上级分配了才去做,而是在作业人员实际参加设备的检查过程去确定和填写。

(4)训练员工使其确实会做

让作业者的每个人都遵守确实是件难事,需要进行防止出错以及调换设备的作业训练。

①先从简单的开始做起。素养就是把遵守各项规定作为自觉行动,作为"我的誓言""我的责任",从简单的事情约束自己并养成习惯。作业者要养成对自己的行为负责的性格。

②训练最有效的方法为:通过技能教育使其理解,以现场示范表演给他看并让他做做看,以此程序来具体进行。

Chapter 6

班组成本控制

6.1 班组经济核算

6.1.1 班组经济核算的意义

经济核算是企业管理的一项重要内容，是企业管理的基础工作之一。化工企业的经济核算应分级进行，在大型化工企业分为总厂（公司）、分厂、车间、班组四级核算。一般规模的企业分为厂部、车间、班组三级核算。小型化工企业则分为厂部、班组两级核算。在各级核算中，班组核算具有重要的意义。班组的经济核算数据是车间和厂部经济核算数据的主要来源和依据。一个企业要达到预期的经济指标，取得良好的经济效果，必须组织好班组经济核算。

在企业中，班组经济核算搞好了，可以使从事生产的工人群众明确生产目标，了解生产成果，及时总结生产经验，克服缺点，从而推动生产向新的高度发展。搞好班组的经济核算又是贯彻落实责任制的可靠方法，可以科学地、及时地揭示每个岗位、每个生产操作人员的劳动质量与经济效果，有利于调动广大职工的社会主义建设的积极性。对于激发蕴藏于群众中的无限创造性，贯彻按劳分配原则，合理分配奖金等都有重要的作用。

6.1.2 班组经济核算的条件

搞好班组经济核算的前提是企业内部要有一定的基础。

6.1.2.1 建立健全严格的生产统计管理

班组经济核算的关键是一切数据都必须真实可靠，这样才能如实反映生产状况。建立生产统计管理制度，实行严格的统计管理是企业生产管理中的重要内容。从原料到半成品、成品和副产品的全部生产流程中所用的原材料及能源消耗都应有严格的统计。

下面是某企业生产统计管理制度，仅供参考。

范本　生产统计管理制度

生产统计管理制度

1. 目的

为规范公司生产统计工作的管理，加强各项生产数据的统计、分析工作，以保证为生产计划的制定、生产进度控制及成本核算及时、有效地提供相应的数字依据特制定本制度。

2. 适用范围

适用于公司生产统计工作的管理。

3. 职责

3.1 生产部计划主管隶属生产部部长直接领导，并对生产系统的统计工作及生产计划工作行使日常管理。

3.2 各车间生产统计员负责本车间各项生产数据的统计分析工作。

3.3 财务部负责对生产统计员的业务工作的指导与监督。

4. 规定内容

4.1 生产统计的工作任务

4.1.1 按照生产部、财务部的工作要求，对生产过程中的各项基础数据进行统计、归纳、整理和分析，并做好生产车间的月末盘点工作。

4.1.2 为生产车间提供准确及时的生产进度数据，以便于进行车间的生产安排。

4.1.3 为财务部提供准确及时的生产成本统计数据，以便于公司财务部进行成本核算。

4.1.4 协助财务部完成产品物料消耗定额、计件工资方案的制订与修订工作。

4.1.5 及时反映车间的问题及需要，并提出相应的改进建议，以供生产决策参考。

4.2 生产统计的统计范围

主要包括生产进度统计和成本统计两大类，具体涉及产量统计、物耗（能耗）统计、考勤工资统计、生产效率统计等。

4.3 统计工作的基本要求

4.3.1 全面性：生产统计应全面地反映生产过程中的生产进度、物耗、能耗、质量状况、考勤、工资计算等各方面的数据，便于公司领导全面地掌握生产状况。

4.3.2 准确性：原始记录和统计数据必须准确，不允许有"差不多""大概"之类的数据，更不允许有差错的数据。同时，统计人员妥善保管原始记录、报表和单据，以供备查和调用。

4.3.3 及时性：生产统计人员应根据生产部、财务部的要求，在规定的时间、地点、项目进行记录和统计，要求做到反应快、整理快、传递快，以便生产部根据情况的变化及时地高速生产，从而保持生产、计划和核算的主动性。

4.4 统计报表的填制及传递规定

4.4.1 生产进度类统计报表的填制与传递

（1）每日"车间生产快报"一式二份：本车间、生产部（计划主管）各一份。由各车间统计员填报，并经车间主管审核签字后，于次日8：30以前上交。

（2）"周生产（入库）计划进度（检核）表"一式二份：生产部、分管副总各一份，由生产部计划主管填报，并经生产部部长审核签字后，于下周一15：00以前上交。

（3）"月生产（入库）计划进度（检核）表"一式二份：生产部、分管副总各一份，由生产部计划主管填报，并经生产部部长审核签字后于次月1日15：00以前上交。

4.4.2 成本类统计报表的填制与传递

（1）每日"车间生产结存统计日报表"一式三份，本车间、生产部（计划主管）、财务部（成本会计）各一份。由各车间统计员填报，并经车间主管、生产部部长／生产调度依次审核签字后，于次日9：30以前上交。

（2）每日"车间生产投入产出分析日报表"一式三份，本车间、生产部（计划主管）、财务部（成本会计）各一份。由各车间统计员填报，并经车间主管、生产部部长／生产调度依次审核签字后，于次日12：00以前上交。

（3）"车间员工工资核算明细表"一式四份，本车间、生产部（计划主管）、财务部（成本会计）、分管副总各一份。由各车间统计员填报，并经车间主管、生产部部长／生产调度依次审核签字后，于次日12：00以前上交。

（4）"车间员工月度工资汇总表"一式二份，本车间、财务部成本会计各一份，由各车间统计员填报，并经各车间主管、生产部长／生产调度依次审核签字后，于次月4日以前上交。

（5）"车间月末盘点报表"一式三份，本车间、生产部（计划主管）、财务部（成本会计）各一份。由各车间统计员填报，并经各车间主管、生产部长、财务部盘点监督人依次审核签字后，于次月2日以前上交。

（6）"车间生产统计月报表"一式四份，本车间、生产部、财务部（成本会计）、分管副总各一份。由各车间统计员填报，并经各车间主管、生产部长依次审核签字后，于次月4日前上交。

（7）"生产部员工考勤表"一式二份，本车间一份、行政人事部一份。由各车间统计员填报，并经各车间主管、生产部部长依次审核签字后，于次月4日前上交。

4.5 各生产统计报表的作用及数据来源

4.5.1 "车间生产快报""周生产（入库）计划进度（检核）表""月生产（入库）计划进度（检核）表"主要反映每日、每周、每月的生产计划完成进度情况，是制订下一阶段生产作业计划的重要依据，同时也是对生产管理人员进行月度绩效考核的重要依据。该类统计报表的基础数据主要来源于各工序、机台、人员每日产量的原始记录（即"车间工段生产日报表"）和"产品入库单"。

4.5.2 "车间生产结存统计日报表""车间生产投入产出分析日报表""车间月末盘点报表""车间生产统计月报表"，主要是对各车间、各工序生产每个产品的物料耗用情况进行登记、汇总，是财务部核算材料成本的重要依据，同时也是采购部制订采购计划、生产部制订生产作业计划的重要依据。该类统计报表的基础数据主要来源于各车间的《领料单》《产成品入库单》《物料交接单》《退料申请单》《产品标识卡》、各车间（工序）每日的产量记录和废品记录（即《车间／工序日废品》《车间／工序日产量记录单》）。

4.5.3 "车间员工日工资核算明细表""车间员工月度工资核算汇总表""生产部员工考勤表"主要是依据公司《计件工资方案》对每个员工当日、当月的产量工资、物耗奖惩工资、派工计时工资进行的计算和汇总，它是财务部、行政人事部审定和核算工资成本的重要依据。该类统计报表的基础数据主要来源于一线员工每日的产量记录、废品记录、派工工时记录（即《调剂派工单》）和员工每日实际出勤记录。

4.6 车间物料流转管理

4.6.1 车间与仓库之间的领、退料，按《生产车间领（发）料流程》《生产车间退料流程》办理。

4.6.2 每道生产工序加工完毕，本工序操作工（主机手）均应对每架物料点数后，以架为单位据实填写并插挂《产品标识卡》。各车间主管及各工序班组长负责对本车间、本工序《产品标识卡》的填写进行督促和跟进。车间统计员负责对《产品标识卡》中填写的数量的真实性、准确性进行抽查、复核和记录，并对《产品标识卡》在车间之间、工序之间的流动情况实施监督。

4.6.3 车间之间物料调拨时，由上、下两车间的统计员进行交接并开具相应单据。车间物料流转的手续办理及具体要求，详见《车间物料流转管理规定》。

4.7 废品及返修、返工管理

4.7.1 各工序操作工及挑检员在生产过程应及时挑出不合格品，单独放置，并于每班下班前报请当班质检员对不合格品的状态进行确认。在质检员未确认和计数前，生产工序操作人员不得擅自作报废处理。

4.7.2 当班质检人员应及时对各工序在当班生产过程产生和发现的不合格品的质量状态及责任原因进行确认和分类，做好相应状态标识。在统计不合格品数量后，填写"不合格品记录"，并于当班下班前交于该车间统计员和工艺质量部各一份。车间统计员接质检员的"不合格品记录单"后，应到生产现场对不合格品数量进行复核。"不合格品记录"应依次经该工序主机手（或班组长）、质检员、统计员、车间主管签名。

4.7.3 经判定须退回上游车间（返工）的，由上、下两车间统计员办理相关退料手续，同时由发现工序的质检员在"退料单"上签字；经判定为次品板的，由挑出工序送往次品纸板库并办理相关入库手续及车间间的退料手续；经判定为废品的，由挑出工序送往废纸库并与相关车间办理相关退料手续；经判定需返工、返修的，相关车间主管、班组长应及时组织员工返工、返修，原则上要求当班的返工品、返修品当日返工、返修完毕。

4.7.4 所有的废品及未返工品、未返修品均不得计入产量（即不计工资）。返工、返修后需经质检员再次检验。检验合格后方可计入产量。对于所有的返工、返修品，车间统计员应做好数量统计，并进行跟踪。

4.7.5 工艺质量部应根据各车间的"不合格品记录"，综合处理后形成"纸箱生产质量日报表"，于次日10：00以前上交分管副总。

4.8 车间工资计算与管理

4.8.1 各工序班组长（或主机手）应将本工序员工当天的"产量记录"于当天下班前交于本车间统计员。各车间（工序）质检员应将所管辖的车间（工序）当日的"废品记录"）于当天下班前交于该车间统计中。生产部部长（或生产调度）、车间主管应将当日派工工时记录（"调剂派工单"）及加班工时记录于当日下班前交于该车间统计员。

4.8.2 车间统计员根据员工本车间各员工当日的"产量记录""废品记录""加班工时记录"以及公司的"计件工资方案"计算员工当日的计件工资、计划工资及消耗考核工资，并填制"车间员工日工资核算明细表"。"车间员工日工资核算明细表"应于次日10：00前交于财务部成本会计。

4.8.3 每月5日前，各车间统计员应将本车间员工上月的"考勤表""派工工时记录""加班工时记录"及"员工月度工资汇总表"上交财务部。财务部、行政人事部根据"车间生产统计月报表""车间员工日工资核算明细表""派工工时记录""加班工时记录"核算计件（计时）工资总额及工资明细。

4.8.4 生产部员工工资核算及审批详见"生产部员工工资核算及审批流程"。

4.9 车间月末盘点管理

4.9.1 每月30日定为车间盘点日。生产部部长负责生产盘点工作的总体组织与协调，各车间主管负责本车间月末盘点的具体组织与实施，各车间统计员负责本车间盘点的监督与复核财务部负责全公司盘点工作的监督与稽查。

4.9.2 留存车间内的所有原材料、半成品、成品、辅料均应盘点记账，对待返工、返修或有质量问题的均应在"盘点报表"中加以说明，盘点时盘点人应对每架物料上作盘点标识（即盘点卡）并签名。

4.9.3 各车间统计每月底，应做好与仓库、生产车间之间的物料领用、调拨等相关对账工作，即做好车间的物料核算工作。每月盘点完毕，由车间统计员填制"月末盘点表"，并于次月2日前上交财务部成本会计。

4.10 例会制度

4.10.1 全体统计人员应定期参加生产部组织召开的"月、周生产例会"以及财务部要求参加的相关会议，进行工作总结，研讨工作方法，交流工作经验。

4.10.2 车间统计人员应按时参加本车间的生产例会，以便更深入地了解问题，更好地服务于生产。

4.11 考核

4.11.1 车间统计员对生产车间不遵守公司统计制度和徇私舞弊的人员和行为，有权制止和上报。

4.11.2 车间统计人员对本车间统计数据的准确性、统计报表填报的及时性负责，对于车间统计人员的工作态度及工作质量，生产部、财务部均有权考核。统计人员的考核细则详见"公司绩效考核方案"。

6.1.2.2 要有定额管理

合理的定额是制定班组各项经济指标的依据，企业要建立完整的定额管理体系。

6.1.2.3 要有原始记录

班组所有成员在生产操作中都必须按操作规程的要求，及时、准确地进行记录。原始记录是经济核算与生产分析的基础，严禁在记录中弄虚作假或事后凭记忆追记。记录字体要工整，数据要准确无误，不要在记录纸（表）上乱画乱写与生产无关的事情。车间或工段应定期检查和收回原始记录，并按照班组逐月装订成册，妥善保存。

（1）班组生产作业统计的内容

要做好班组成本管理，首先要做好班组生产作业统计工作。班组生产作业统计是指班组在实现生产作业计划的过程中，对生产过程各阶段中的原材料投入，在制品流转、产品生产以及作业完工情况等生产活动的动态数据所进行的收集、整理、汇总和分析，是企业生产统计的一部分。班组生产作业统计的内容如图6-1所示。

| 在制品情况的统计 | 在制品情况的统计是指在制品在班组各个生产环节流转以及在制品资金占用量的统计 |

图6-1

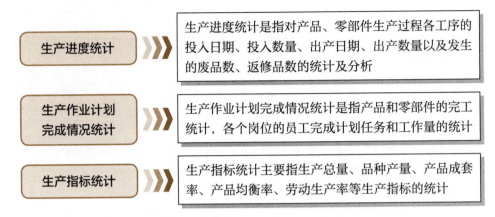

图6-1 班组生产作业统计的内容

（2）主要的统计表格

①用料记录

用料记录由班组统计员、车间统计员、分厂统计员分别统计自己所在层次的用料情况，而且每日都要统计。各层次的统计数要相衔接，并与库存数相衔接，如表6-1所示。

表6-1 材料消耗记录

耗用单位或工序 \ 材料名称或类别					工作成果记录	
					半成品	成品
合计						
昨日结存						

续表

耗用单位或工序 \ 材料名称或类别				工作成果记录	
				半成品	成品
今日领料					
今日结存					

复核：　　　　　　　　　　　　　统计人员：

②工时记录

班组统计员每日均需统计直接发生的工时，上报车间统计员、分厂统计员，见表6-2。

表6-2　工时统计表

____年__月__日

作业人员或单位 \ 工时	标准工时	实际工时	累计实际工时	效率分析

复核：　　　　　　　　　　　　　统计人员：

备注：班组统计在"作业人员或单位"栏填作业人员姓名，车间统计则填工序别或工段别，分厂则填车间别。

③机器作业记录

班组统计员要做好班组机器作业记录，并分报上级统计员和机电部，车间统计员、分厂统计员分别在下级报表基础上汇总，分别报生产计划部和机电部，班组每日记录，车间每周汇总，分厂每两周汇总。见表6-3。

表6-3 机器作业记录

机器名称							
运行状况及操作人员	8:00~9:00						
	9:00~10:00						
	10:00~11:00						
	11:00~12:00						
	…						
效率统计	作业时间	停机时间	故障时间	待料时间	停电时间	其他	产量	效率

其他事项说明

复核：

如果出现停机故障，班组长还应填写故障报告。

④停工统计

班组停工统计由班组统计员负责。一般车间每周汇总班组数据，分厂每两周汇总车间数据并报生产计划部，见表6-4。

表6-4 停工统计表

____年__月__日

时间＼停工原因	待料	设备故障	设备保养	停电	作业培训	现场整顿	其他
星期一							
星期二							
星期三							

续表

停工原因 时间	待料	设备故障	设备保养	停电	作业培训	现场整顿	其他
星期四							
星期五							
星期六							
星期日							
合计							

复核：　　　　　　　　　　　　　统计人员：

⑤班组生产统计日报表

班组生产统计日报表通常由统计员或成本核算员来负责填写，一般每班结束后都要有相应的报表出来，见表6-5。

生产日报表至少要体现以下内容。

产量：以能了解生产进度。

工时：以能了解实际工时的耗用。

效率：以能运用绩效管理提高工效。

成本方面必需的基础资料：以能准确核算成本。

表6-5　生产日报表

班组：　　　　　　　　　　　　　___年__月__日

成品批号	加工单号	标志号	产品规格及型号	批量	当日完成数	累计完成数

续表

成品批号	加工单号	标志号	产品规格及型号	批量	当日完成数	累计完成数

影响生产的问题：

当日完成数：

截止日累计完成数：

当日所用工时：

截止日累计工时数：

当日每工时产量：

6.1.2.4 要有厂内价格

为便于企业内的结算，一般要确定厂内的合理价格，以此为尺度来衡量生产和经营的成果。

企业在创造了以上条件后，班组经济核算便可顺利开展了。

6.1.3 班组经济核算的内容和方法

6.1.3.1 班组经济核算的内容

进行班组经济核算，首先需要企业内部将各项经济指标层层分解，使厂、车间、班组和个人都有明确的指标要求。从而使集体和个人都有自己的奋斗目标和考核的尺度。厂部或车间对班组的考核指标一般有六七项，如表6-6所示。

表6-6 班组核算的内容

序号	项目	指标内容
1	产量	厂（车间）下达指标，实际完成数±%
2	质量	正品率｛优级品率、正品率｝ 次品率｛二等品率、等外品率｝ 废品率
3	消耗定额	物料、能源消耗定额完成情况，修旧利废数量、价值

续表

序号	项目	指标内容
4	劳动生产率	个人定额完成系数（产量、质量、消耗）等，出勤率
5	设备完好率	设备守好台数、完好率、泄漏率
6	安全文明生产	千人员伤率（月），设备、工具损坏率（月），环境卫生状况
7	其他	企业需要考核的其他指标

所列指标表明，企业班组经济核算涉及每一个部门和每一个职工，因此，也是全员参加的全面经济核算。

企业在分解和制订经济指标时，应该避免过高、过低或过于烦琐。

核算工作要有专人负责，班组内要设立不脱产的核算员，由群众推选或由行政指定。核算员在班组长领导下担任具体的核算工作。

6.1.3.2 班组经济核算的记录和公布方式

班组经济核算的记录和公布方式有以下几种。

（1）记录本

每个班组或每个岗位设置一个记录本，在有条件的企业应印制班组经济核算记录表，每班记录一页，每月一装订，这是企业经济核算的原始资料。

（2）统计图

将各项经济指标完成情况，按时（日、周、旬、月、季、年等）用图表形式（曲线图、条形图等）绘制公布。指标完成情况在统计图上一目了然，并可看出生产动态和趋势。

6.1.4 开展班组经济活动分析

对于在经济核算中发现的问题要及时进行分析。通过分析找出问题的症结所在，寻求解决办法。因此，经济活动分析是生产班组搞好核算，提高劳动生产率的重要环节。

班组经济活动分析通常采用会议形式。由班组长掌握，定期（周、旬、日）和随时（班前、班后）召开。必要时，可以请车间或通过车间请厂部及有关车间、管理科室派人参加。

6.2 班组成本构成与控制措施

6.2.1 班组成本的构成

企业为生产一定种类、一定数量的产品而发生的各种生产费用支出的总和构成了产品生产成本。所有在班组消耗的人力、物力、财力均是班组成本的组成部分，如图6-2所示。

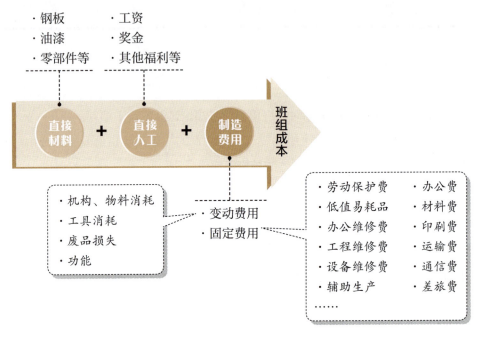

图6-2 班组成本的构成

6.2.2 直接材料成本的控制

材料成本控制的关键点：避免不合格件和呆滞零件产生，减少库存占用。

6.2.2.1 班组直接材料的领料管理

班组生产领料时必须按照规定，根据物料BOM清单和生产任务单，认真核算物料的需求量，填写领料单（有的企业制定有限额领料单，如表6-7、表6-8所示）向仓库领料。

表6-7 物料申领单

制造单号：　　　　　　　　　　　　　　　　　申领日期：＿＿＿＿年＿＿月＿＿日

领料部门　　　　　　　　　　　　部门编号

领料人　　　　　　　　　　　　　批准人

物料用途说明

物料形态说明　□原材料　□辅助材料　□半成品　□成品　□不良品　□其他

物料编号	品名规格	申领数量	实发量	不足量	单价	发料人	备注

　　　　　　　　　　　　　仓储部经理

复核　　　　　　　　　　仓库主管　　　　　　　　　领料人签收

　　　　　　　　　　　　　仓库管理员

表6-8 限额领料单

　　　　　　　　　　　　　　　　　　　　　　　　编号：

领料部门　　　　　　　　　　　　　仓库

日期　　　　　　　至　　　　　　　物品用途

计划生产量　　　　　　　　　　　　实际生产量

物品名称	物品编号	规格	单位	领用限额	调整后限额	实际耗用		
						数量	单价	金额

续表

领料日期	请领数量	实发			退料			限额结余
		数量	发料人	领料人	数量	收料人	领料人	

表头：领料记录

计划部门：　　　　供应部门：　　　　仓管员：　　　　领料部门（人）：

"领料单"填写规范要求如下所述。

（1）班组需要领料必须由班组成本核算员或班组长先到库房领取领料单，填写完后再到库房领取，严禁先领料后补单据。

（2）领料单严禁涂改，如有笔误，在写错的地方进行涂改，并在涂改处签字确认。

（3）领料单第一联，即"领料单位"联由班组留存，便于后期班组核算和查账使用。

6.2.2.2　生产现场的存货管理

生产车间在生产过程中按生产计划领料后，需做好临时在现场摆放物料的储存工作。

（1）现场物料保管的要求

①凡领用的贵重材料、小材料，必须在室内规划出合适的地方放置，并加锁保管，按定额发放使用。

②凡领用的机器设备、钢材、木材等大宗材料，若需暂时存放在生产线现场，必须堆放整齐，下垫上盖，并有专人负责。

③上线加工必须做到工完料净，把剩余的材料全部回收，登记入账，留作备用。

（2）现场物料的堆放

①最大化利用存储空间，尽量采取立体堆放方式，提高生产现场空间的使用率。

②利用机器装卸，如使用加高机，以增加物料堆放的空间。

③车间的通道应有适当的宽度，并保持一定的装卸空间，保持物料搬运的顺畅，

同时不影响物料装卸工作效率。

④不同的物料应依物料本身形状、性质和价值等而考虑不同的堆放方式。

⑤考虑先进先出的原则。

⑥物料的堆放，要考虑存储数量读取方便。

⑦物料的堆放应易于识别与检查，如良品、不良品、呆料和废料均应分开放置。

（3）暂时不用物料的管理。

暂时不用的物料是指由于生产要素的制约或突变，本次生产活动结束后，仍无法全部使用完毕的材料，包括呆料、旧料。

现场长时间放置上述物料，会造成串用、丢失、管理成本增大及浪费空间等负面效果。

现场对暂时不用物料的管理措施如表6-9所示。

表6-9 现场对暂时不用物料的管理措施

序号	管理措施	具体说明
1	设置"暂时存放区"：即在现场划出一块区域，做上标志，将所有暂时不用的物料，封存好后移到该处	（1）只有小日程（即每个作业人员或机械从作业开始到结束为止的计划，时间从数日到数星期）计划生产的材料才可以在暂时存放区摆放 （2）虽然小日程计划生产需要，但是数量多、体积庞大，或保管条件复杂的材料，应退回仓库管理 （3）中日程（即关于制造日程的计划，时间多为一个月或数个月）或是大日程（即为期数月至数年的计划，规定了从产品设计开始到原材料、部件采购直至产品加工制造这一段时间）计划生产需要的材料，应退回仓库管理 （4）不管是现场保管还是退回仓库，都必须保证物料的质量不会有任何劣化
2	机种切换前材料全部清场	从第一个生产工序开始，回收所有剩下的物料，包括良品和不良品。点清数量后，放入原先的包装袋中，用标贴纸加以注明，然后拿到暂时存放区摆放。若不良品不能及时清退，良品和不良品要分开包装，不良品多加一道标志
3	遵守"先来先用、状态良好、数量精确"三原则	（1）暂时存放的物料要用原包装封存，若原包装破损，可用保鲜薄膜或自封胶袋处理，以防潮、防虫、防尘 （2）下次生产需要时，要优先使用暂时存放区的物料 （3）封存后的物料要定时巡查，以防不测

6.2.2.3　生产现场中物料的搬运作业

（1）物料搬运基本要求

①在工序间运送或搬运中，对易磕碰的关键部位提供适当的保护（如保护套、防护罩等）。

②选用与物料特点相适应的容器和运输工具（如托盘、货架、板条箱、集装箱、叉车、载重汽车等），加强对容器和运输工具的维护保养。

③对精密、特殊的物料要防止振动和受到温度、湿度等环境的影响。

④在物料搬运过程中，若需通过环境有污染的地区时，应对物料进行适当的防护。

⑤对易燃、易爆或对人身安全有影响的物料，搬运应有严格的控制程序。

⑥对有防振、防压等特殊要求的物料，搬运中要采取专门的防护措施，加以明显的识别标记，并注意保护有关的标志，防止丢掉或被擦掉。

⑦保证正确无误地送到指定的加工、检验点。

⑧对搬运人员进行培训，使其能掌握必需的作业规程和要求。

（2）选择物料搬运方式

①根据物料的种类、性质、形状、重量确定搬运方式。

②以箱、袋或集合包装的物料采用叉车、吊车、货车搬运。

③散装粉粒物料使用传送带搬运。

④散装液态物料直接从装运设备或储存设备装取。

（3）物料搬运要领

①搬运时，重物放于底部，重心置中，并注意各层面的放回，堆放整齐于卡板上，用液压车叉入匀速推行。

②严禁超高、超快、超量搬运物料。

③物料堆叠，以不超过厂区规划道路宽度为限，以高度不得超过2米为原则。

④人工搬运时，要注意轻拿轻放，平稳地放置到地面，谨防野蛮操作。

⑤物料承载运行应避开电线、水管及地面不平的地方。

6.2.2.4　物料使用的管理

物料使用过程中要注意做好日常消耗检查，避免班组员工将班组物料挪作他用或者随意使用情况的发生，当发现质量、消耗量等有异常波动情况时，应及时向车间成本及工艺管理人员反馈。

6.2.2.5 物料退库

（1）物料退库的要求

①车间在生产中发现的不合格物料、包装材料可退回仓库。

②每批产品生产结束后，在换批或换品种前，可将剩余的物料、包装材料办理退库。

③所退物料必须包装严密，用原外包装原样包装好后，标明品名、规格、批号、数量、退库原因等。经质检员检查签字后，方可办理退库。

（2）物料退库的程序

①由车间核算员用红笔填写"物料退库单"，经车间主任、质检员审核签字后，随同物料交仓管员，如表6-10所示。

②仓管员接到车间用红笔填写的"物料退库单"后，应检查物料状态及包装情况并做好记录。

表6-10　物料退库单

编号：		日期：＿＿＿＿年＿＿月＿＿日	
退料部门		部门编号	
料号		退料理由	
名称		□物料质量有问题	
规格		□领料过剩 □其他	
数量	单位		
单价	总价		
备注			

核准人：　　　　　　质检员：　　　　　　填单人：

6.2.2.6 加强呆滞料的管理

呆滞料是指长期未使用的物料，必须妥善加以管理，方式如图6-3所示。

图6-3 呆滞料的管理

6.2.3 辅助材料成本的控制

辅助材料又称为"副料"或者"副资材",指在生产中不构成产品的主要实体,却又必不可少的辅助性消耗物料,如油脂、胶水、封箱胶纸等。零部件的量需要多少大家很清楚,但是辅助物料有哪些,用量多少却没有几个人清楚。其实也别小看辅助物料,一旦短缺或者变质,造成的损失也难以弥补。班组长作为现场最直接的管理人员,该怎样管理辅助物料呢?

6.2.3.1 使用量控制

要想管理好这类物料,首先一定要清楚使用量。哪些产品需要用它,台用量多少,月用量多少,这些一定要清楚地反映在台账中。

6.2.3.2 厉行节约

即使是副资材,使用时也不能毫无节制。可以根据用量定额发放或者采用以旧换新的方法,防止浪费;对于一些容易污染环境的物品(如电池、氰化物容器),还要做好回收工作。

6.2.3.3 简化领用手续

严格管理辅助物料,防止浪费的同时要确保方便生产现场的工作。如领一双手套要填申请单,然后分别由组长、主管、部门经理和仓库管理人员签字,才可以领到,这个过程既耽误了生产,又付出了远远不止十双手套价值的管理成本,得不偿失。不妨采用"柜台"或者"送货上门"的方式,做到"管理"与"方便"兼顾。

6.2.4 降低直接人工成本

人工成本是班组成本中的一个重要部分,对于一些手工作业的企业来说,这部分成本的比重还比较大，所以，降低直接人工成本非常重要，具体可从以下几个方面来进行。

6.2.4.1　避免停线

要避免停线，则要做到以下几点。

（1）不合格品在线下返工。

（2）班组长可以随时顶岗。

（3）日常做好设备保养检查工作。

（4）开线前班组要进行人、机、料、法、环等各方面的检查。

6.2.4.2　灵活运用多能工

企业要制订多能工培训计划，有计划地开展多能工培养，尽量使班组成员中的每一个人都至少掌握两项以上技能。

（1）建立多能工岗位表，见表6-11所示，以便于掌握本班组多能工的情况，方便在缺人的时候灵活安排。

（2）定期并有意识地调换多能工的岗位，以确保他们操作各项技能作业的熟练度。

（3）尽可能扩大多能范围，让更多的人成为多面手。

表6-11　多能工岗位表

序号	姓名	磁厂介入	充磁吸尘	入铜胶介子	电枢芯组入	大小壳组入	啤小壳	奈印（批号）	电检	外观检查
1	×××	☆	◇	●	◇	◇	●	※	●	☆
2	×××	●	●	◇	☆	●	※	●	※	●
3	×××	☆	☆	☆	●	※	◇	☆	☆	※
4	×××	●	●	◇	※	●	※	※	☆	◇
5	×××	※	☆	☆	◇	☆	●	☆	※	●
6	×××	☆	※	●	※	◇	◇	※	◇	◇
7	×××	※	◇	◇	●	☆	●	●	●	※
8	×××	☆	※	☆	☆	●	◇	◇	※	●

续表

序号	姓名	磁厂介入	充磁吸尘	入铜胶介子	电枢芯组入	大小壳组入	啤小壳	奈印（批号）	电检	外观检查
9	×××	●	☆	※	●	☆	●	●	◇	☆
10	×××	●	●	☆	☆	●	※	☆	●	※

注：☆ 表示技能优越，可以指导他人。
　　● 表示技能良好，可以独立作业。
　　※ 表示具有此项作业技能，但不是很熟练。
　　◇ 表示欠缺此项作业。

（4）必要时区别他们的特长和强项，并注意发挥使用他们的特长和强项。

（5）在平时工作中多注意观察、挖掘和培养。

（6）要确保多能工的岗位津贴保持在合理的平衡点。为此，班组长要了解本工厂的多能工薪资管理制度。

6.2.4.3 尽量不要安排加班

加班需要付加班费，尤其是国家法定假日的加班，加班时间长，加班费就成了成本增加的一个重要部分。所以，班组长在申请加班时一定要谨慎，要严格按照公司的规定来申请加班与否。

6.2.5 降低工具损耗

6.2.5.1 工具的使用形式

工具的使用形式有两种：一种是借用，另一种是领用。

（1）借用

不常用的工具采用借用形式，在库房填写工具借用卡，将工具借走，见表6-12工具借用卡。应注意，工具必须在规定的时间内归还，以方便其他人借用。工具归还时，归还人必须填写归还日期及归还人姓名，填写时应逐行填写，不允许两行只签一个名字。

（2）领用

常用工具采用领用形式，填写个人或班组工具卡领用工具，见表6-13工具领用卡。工具卡一式两份，自留一份，库房一份。离岗或调岗必须办理相关的工具交接手续。个人工具应妥善保管，发生工具丢失时，个人需根据相关的规定进行赔偿。

表6-12 工具借用卡

项次	工具名称	规格	借用数量	借用日期	预定归还日期	借用者签名	实际归还	经办者签名

表6-13 工具领用卡

编号：

编号	工具名称	规格	单位	数量	领用单位	领用人	领用时间	归还时间	签收人

6.2.5.2 工具的浪费控制与改善

（1）领用控制

贵重工具按定额并遵循以旧换新的原则领用，耗用性工具（如砂纸类）可结合实际情况确定领用控制方式。

（2）日常管理

做好班组工具的定期维护、保养、整理整顿工作，损坏的工具及时报修，做好每日工具的交接避免工具丢失。

（3）修旧利废

将损坏的工具利用备件来修理，达到修旧利废的目的。

（4）工具报废要严格控制

工具损坏后如要报废，要严格按照公司规定的流程来进行，如某公司规定其工具报废流程如下所述。

经工艺人员判定工具为正常损坏的，需办理以下手续。

借用工具：打领料单将工具领回→填写工具报损单→工具卡上销账。

领用工具：填写工具报损单→工具卡上销账。

6.2.6　TPM活动降低设备使用成本

TPM的基本理念是通过提升员工的素质，达到提高设备的运作效率和品质，从而从根本上提升企业整体的运作效率。所以，TPM追求生产作业系统效率最大化。

6.2.6.1　设备使用和维修的基本概念

设备的操作者往往是处于基层的班组成员，操作者不仅需要关注怎样能够正确地操作设备，而且还要关心怎样才能提高设备的有效功率，也就是最大限度地发挥设备的作业功能。在设备使用和维修方面必须有以下基本概念，如表6-14所示。

表6-14　设备使用和维修的基本概念

设备使用	设备维护
规范操作	自行点检
清理清洁	防缺陷
不超负荷运转	订立设备故障风险分析表
安全运行	清理清洁

6.2.6.2　进行自主保养

（1）自主保养的四个法则

①要树立谁操作，谁负责的原则。

②要细心爱护自己操作的机器。

③要成为专业的设备操作者。

④要学会运用可视化管理的手段，检测设备运行的状态。可视化管理是设备管理最为直接的工具。可视化管理的对象是设备的运行状态，以保证操作者操作正确无

误，对于所出现的设备劣质化能够迅速采取措施使其迅速恢复。运用可视化管理是推行自主保养的关键步骤。

（2）自主保养的零缺陷目标

改变员工的观念：改变设备管理和操作的习惯，树立故障是可以预防的，它不是必然的，而是人为的观念。故障预防方式如表6-15所示。

表6-15　故障预防一览表

运行状态维护	清扫、润滑、紧固
运行条件维护	电压、电流、温度等
劣质化复原	点检、及时复原
设备改进	故障成因分析
必要的备品、备件	定期检查备件库存
提高操作水平	使用和维护的知识

（3）自主保养的七个步骤

自主保养是日常班组活动的主要内容（见图6-4、表6-16），可以作为班组的绩效考核指标，借此推动以班组为基础的自主保养活动。

图6-4　自主保养的七个步骤

表6-16 自主保养7步法检查表

阶段	步骤	定义	活动内容	目标	工具
1	准备阶段，强化推行6S	清楚作业区域	移走不用的物品	设备工具定置化	确定活动区域
2	初期清扫	清洁设备的作业区域	确认故障发生源、困难位置等	彻底清除设备上的污染	设备管理不合理检查表
3	制订故障发生源、困难位置对策	寻求困难位置的解决方案	缩短清扫时间	改善清扫活动的条件	提出解决不合理的对策
4	制定清扫清洁的作业标准	编写作业标准书	进行润滑等基本培训	设定短期改善目标	修订目标
5	总点检，令设备复原	令设备恢复运行动能	检修所有的零部件，令设备恢复原有的性能	制订短期点检的时间表	各种标准
6	自主点检	依据标准，进行自我保养活动	推行零故障活动	设备彻底复原	自主点检的检查表
7	设备运行环境改善	改善作业区环境，保证设备的运行质量	杜绝设备因质量问题重复加工的浪费	实现质量保证	CPK，MEA，FTA
8	按照指定的标准持续改善	按照制定的作业标准，持续改善	持续改善TPM的管理	切实落实PDCA	MTBF／TTR

6.2.7 消除劳动保护用品的浪费

劳动保护用品也是班组成本中的一个部分，许多人常常忽略这一部分，随意领用、丢弃，从而导致成本增高。在成本控制上也要对这方面加以控制。

6.2.7.1 领料控制

根据公司劳保用品的定额进行领用，避免超定额领用情况，如确实有异常情况，应该提交申请由车间成本员负责处理。同时，要坚持以旧换新领用的原则。

6.2.7.2 日常管理

要不断给员工灌输劳动保护用品是员工的福利，不允许挪作他用，同时要做好日常使用的检查，尤其是手套类产品。

有异常情况发生时，要及时反馈，便于车间与采购单位联系，以优化产品质量。

6.2.7.3 回收利用

有些产品是可以回收利用的，如手套可以清洗后再使用。

6.2.7.4 质量优化

对存在问题的劳动保护用品可以提出改进意见，如发现有质量问题，更要通过车间成本员将情况反馈到采购单位，促使采购单位采购性价比更高的产品。

6.2.8 开展节能降耗活动

6.2.8.1 降低能源消耗

可以在班组内开展"节能降耗，从我做起"活动。活动以"从我做起，节约一滴水，节约一度电"为主题，要求员工从实际出发，无论是在生产或生活中，都要注意节能降耗，从每个人做起，从身边做起，从点滴做起，从举手之劳做起。

（1）降低能源消耗的方法

①班组确定各水、电、气的责任人，在没有人工作时必须关闭阀门和电源。

②对未按班组能源管理要求执行的员工要及时给予指正。

（2）降低能源消耗的具体方式

如图6-5所示为降低能源消耗的具体方式。

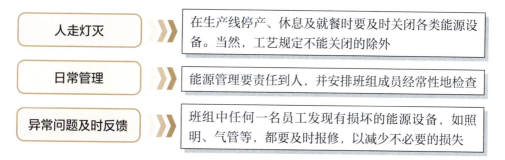

图6-5 降低能源消耗的具体方式

(3) 促进能源降低的要领

如图6-6所示为促进能源降低的要领。

要领一　开展有关节能的竞赛与评比活动

企业可以经常开展有关节能的竞赛与评比活动，使之成为一种风气长久保持下去。一个企业的风气对企业的成长与发展至关重要，只有形成一种"人人争节能，以企业为家"的思想，才能时时想到企业的利益，把节能坚持下去。部门内部可以举行班组之间竞赛，部门之间也可以举行竞赛；把竞赛作为一种手段，在竞争中激发员工的创造力，使节能降耗达到新的水平

要领二　成立技术革新小组

车间可成立技术革新小组，集思广益，大家想办法。点滴的节约不仅能带来良好的经济效益，也能培养每个人的思想道德、品质和精神，并代表一种企业文化，这种美德一旦在企业扎根，将会增加凝聚力和战斗力

图6-6　促进能源降低的要领

6.2.8.2　消耗品以旧换新

为杜绝浪费、控制生产成本，要特别加强消耗品的使用管理，提高消耗品的有效使用效率，为此，可以采取以旧换新的方法来加以控制。而为使以旧换新作法能更好地执行，最好制定以旧换新制度，确定以旧换新的物品范围、责任人员、标准、工作流程及不执行的处罚规定。同时，可以将以旧换新品项明细用看板的形式公示出来。

> 将可以以旧、坏换新的物品类别及品名在公告板上公示出来。

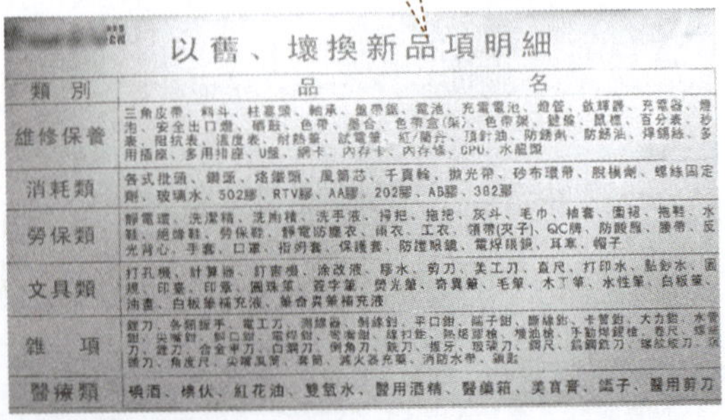

下面是某企业以旧换新之消耗品管制办法，仅供参考。

范本 以旧换新之消耗品管制办法

以旧换新之消耗品管制办法

1. 目的

规范公司消耗品请购、领用及使用状况具体化、明确化，提高消耗品有效使用率，减少库存，降低消耗品使用成本。

2. 范围

公司各单位所使用之消耗品均属之。

3. 权责

3.1 各使用单位

3.1.1 负责对本单位消耗品需求用量及明细进行统计，填写每月总工务用品预算表。

3.1.2 负责本单位消耗品领用及发放、记录工作。

3.1.3 负责本单位消耗品以旧换新、物品回收及更换作业。

3.2 总工务采购

3.2.1 对各单位总工务用品预算表及费用进行汇总、统计。

3.2.2 对每月各单位领用消耗品进行合理采购。

3.3 总工务仓

3.3.1 对各单位每月用品预算表之明细、数量进行统计、汇总。

3.3.2 负责对厂商送货进行验收、核对之工作。

3.3.3 负责对各单位总工务用品之发放、账目处理。

3.3.4 负责对以旧换新物品进行更换、核对工作，并将旧物品放入指定的回收区域内。

3.3.5 负责对各单位每月领用物品进行全额统计制表。

3.4 会计

对各单位预算之总工务用品金额与目标金额的审查。

3.5 企划稽查

3.5.1 对各单位消耗品使用状况及以旧换新物品的状况稽查。

3.5.2 对消耗品浪费的异常状况进行追踪、处理。

4. 定义

以旧换新物品：是指日常生产及办公消耗品在使用中或使用后能有留下实体或部分配件之物品，其领用时需要将原物品实体回收更换新物品。包括文具消耗品、计算机耗材类、总务配件／机器零件类等。

5. 内容

5.1 作业流程图：略。

5.2 使用单位进行消耗品之预算统计。

5.2.1 单位助理于每月月底前进行统计下月总务用品用量，并制作预算表经单位主管签核后交于采购。

5.2.2 日常消耗品属以旧换新物品，均需在预算表中备注栏中注明以旧换新物品。

5.2.3 单位主管在审核时需了解预算物品之价格、数量，确定是否需申购。

5.2.4 属临时急用之物品且预算表中未进行预算之部分，可填写请购单，经单位主管签核后交于采购，采购按流程呈报作业。

5.3 预算查核及采购作业

5.3.1 各单位将单位主管审核之预算表交总工务采购进行试算金额。

5.3.2 采购按预算中各物品单价，汇总各单位预算金额交会计进行审查。

5.3.3 专案部根据各单位年度（季度）预算目标金额确定各单位本月预算费用，超出目标退回现场重新预算。

5.3.4 专案部审查符合预算目标内之费用，呈生产中心主管进行核准。

5.3.5 采购依据核准之各单位预算物品，进行采购作业。

5.4 验收处理

5.4.1 总工务仓管员根据采购单、厂商送货单进行验收作业。

5.4.2 不符合请购单上数量、规格、品牌等项目之送货单进行退货处理，要求厂商重新送货。

5.4.3 部分实物，若总务仓管员无法判定厂商所送物品是否与现场预算物品一致，可通知现队场人员到总务仓进行检验。

5.4.4 总务仓验收以后进行账目处理，并知会请购单位开单领料。

5.5 领料及以旧换新作业

5.5.1 请购单位根据预算表中核准物品及其数量开立《物品领用单》，经单位最高主管核准后，到总务仓进行领料作业。

5.5.1.1 属文具耗材类须经单位主管及总务仓人员确认，方可进行以旧换新。

5.5.1.2 属电脑耗材类须经单位主管及脑维修人员确认，方可进行以旧换新。

5.5.1.3 属总务配件、机器零件类需经单位主管及机修确认，方可进行以旧换新。

5.5.2 属以旧换新物品，使用单位未将回收物品退回总务仓时，则不予发料。回收物品数量与领料单上领用数量不符时，则依回收物品数量进行发料。

5.5.3 非以旧换新物品按预算表中核准数量发放，以旧换新与非以旧换新物品领用需分开填写《物品领用单》。

5.5.4 总务仓发货时需与预算表之明细进行核对，以免多发或错发其他单位。

5.6 回收之以旧换新品须按《报废管制程序》要求将回收品进行处理。

5.7 专案部将不定时对以旧换新物品进行稽查作业，并对没有按要求作定之状况进行追踪处理。

6.2.8.3 开展修旧利废活动

修旧利废活动是加强企业管理，减少浪费、降低成本费用的有效途径。企业要鼓励各车间自主创新，修旧利废，小改小革，并做好记录。同时，为使这项工作有持续性，要制定相应的实施细则，确定修旧利废管理标准的职责、内容、要求及奖励与考核标准。

下面是某企业修旧利废申请及验收单和修旧利废实施细则，仅供参考。

范本 修旧利废申请及验收单

修旧利废申请及验收单

填报部门：　　　　　　日期：＿＿＿年＿＿月＿＿日　　　　编号：

修理设备设备名称、规格型号	（申报）	制造厂家	（申报）	修复设备质量跟踪	
设备原值	（经营部管理部）	实际耗用材料费用	（申报）	投用日期	（经营管理部）
预计修复费用	（申报）	存放地点	（经营管理部）	安装部位	（经营管理部）
修理设备的班组或个人		申报部门领导签字		使用部门或安装人员	（经营管理部）
修理内容及耗用材料（申报）	修旧验收（生产管理部专工）	机械类90天使用情况（生产管理部专工）		电子类180天使用情况（生产管理部专工）	

续表

修旧利废申请鉴定意见	（鉴定人员签字）	修旧利废验收意见	（验收人员签字）
生产管理部主任意见	签字同意后开始修理工作		
经营管理部主任意见	验收后签审执行奖励		
生产副总经理签批	验收后签批		

范本 修旧利废实施细则

修旧利废实施细则

1. 目的

为充分调动公司员工修旧利废的积极性，在保证设备健康运行前提下，提高废旧物资的综合利用率，降低生产成本，不断提高企业经济效益，结合实际情况，特制定本细则。

2. 适用范围

适用于公司修旧利废管理工作，修旧利废是针对因检修、改造等各种原因拆卸下线的阀门、泵类、工器具、仪表、电机等所有生产设备开展的修复再利用工作，要本着"经济合理、保证质量、统一管理、优先使用"的原则，有针对性地开展工作。

3. 职责

3.1 经营管理部是修旧利废管理工作归口管理部门。负责修旧利废管理办法的制定，并对修旧利废管理办法的执行结果进行检查及奖励与考核。

3.2 生产管理部负责对交旧物资的鉴定和物资修复后的验收工作。

3.3 其他相关部门（设备维护部、发电运行部、燃料部、化水部、燃料质检中心等）负责对交旧物资申报和可利旧物资申请。

4. 修旧利废程序及规定

4.1 修旧利废按照以下流程进行：

4.1.1 各部门可随时向生产管理部提交《修旧利废申请及验收单》（附件）；生产管理部应在2个工作日内完成鉴定工作。

4.1.2 经生产管理部鉴定可由检修部门自行修复的物质，检修部门指定修复负责人开始工作。可能会产生重大影响的关键设备，检修部门须编制修复方案由生产管理部组织专家论证、审批。

生产管理部应在2个工作日内完成验收工作，验收合格填写《修旧利废申请及验收单》（附件）后，由检修部门交经营管理部指定仓库代管备用。

4.1.3 经鉴定为无法修复或无修复价值的物质（修理费超过新品价值的50%；特殊情况除外），按《物资管理制度》交旧物质，执行相关奖励政策。

4.1.4 经鉴定修理费较高但仍有部分利用价值的物质，交经营管理部指定仓库代管。

4.1.5 经鉴定不能自行修复可外委修复的，且修理费用小于新品价值50%的物质，由经营管理部外委修理加工，操作程序按《物资管理制度》执行。

4.2 修旧利废需零配件的单独申报材料计划（程序按物资管理制度执行），费用列支修理费。

4.3 各部门应优先领用修复物资，凡拒绝领用者应说明理由，经生产管理部批准方可执行。

4.4 各部门应对修旧利废工作进行专项管理，建立台账，经营管理部负责编制月度《修旧利废统计表》上报公司备案。

5. 奖励与考核

5.1 经营管理部每月10日前根据各部门修旧利废情况向公司申报奖励，奖励标准如下：

5.1.1 奖励计算公式：

奖励＝节约值×系数＝（修后价值－修前价值－修理成本）×系数

修后价值＝物资原值×80%

修前价值＝物资原值×50%

修理成本＝修理中发生的材料费用

5.1.2 节约1000元（不含1000元）以内按30%奖励；节约1000元（含1000元）至5 000元（不含5000元）按20%奖励；节约5000元（含5000元）至10000元（不含10000元）按10%奖励；10000元（含10000元）以上按8%奖励。

5.1.3 经验收合格后首先提取奖励金额的80%用于奖励参与修复的班组和人员，质保期满时发放余额，在质保期内出现质量问题的，不再发放修旧利废质保金。

  5.1.4 公司年终进行修旧利废工作总结，对优秀部门及管理人员进行一次性奖励。

  5.2 修旧利废的质保期：自安装之日起计算，机械类设备90天，电子类设备180天。

  5.3 各部门修旧利废弄虚作假的，发现一次考核100元。

6.2.8.4 加强节能降耗教育

（1）新员工入厂教育应有节能环保的内容。

（2）各部门工作规范中应有具体要求，并以制度的形式规定。

（3）加强宣传力度，普及节能知识。